비주얼
경제사

비주얼 경제사

세 계 화 는   어 떻 게   진 화 했 나 ?

송병건 지음

아트북스

그림으로 경제사 읽기

귤라 토르나이, 「감상하는 사람들」, 1892년.
어떤 이는 그림을 보고, 어떤 이는 그림을 읽는다.

이 책은 '미술사' 책이 아니다. 유명 화가들이 남긴 그림을 감상하고 화법을 설명하고 후대에 끼친 영향을 논의하는 것은 이 책의 목적과 전혀 관계가 없다. 이 책이 '그림'을 다루는 것은 사실이다. 그러나 그림을 '보는' 것이 아니라 '읽는' 것이 주된 목적이다. 다시 말해서 그림을 미적으로 감상하는 것이 아니라 그림에 담긴 내용과 상징을 그림이 제작된 시대상과 결부시켜 풀어 보는 것이다. 좀 더 정확히 말하자면 이 책은 그림을 통해 인류가 거쳐 온 '경제사'의 흐름을 탐구하고자 한다.

경제사란 어떤 학문 분야일까? 경제사는 박쥐와 같은 학문이다. 박쥐가 포유류와 조류의 속성을 함께 지닌 것과 마찬가지로, 경제사는 경제학과 역사학의 속성을 동시에 보유하고 있다. 가장 단순하게 말하자면, 경제사는 사람들이 행해 온 경제행위의 역사를 탐구하는 과목이다. 먹고, 입고, 자는 행위, 그리고 물건을 생산하고, 교환하고, 약탈하고, 축적하고, 분배하는 행위를 원초적 경제행위라고 볼 수 있다. 그리고 이로부터 발명하고, 광고하고, 관리하고, 재분배하는 이차적 경제행위가 진화해 나온다. 경제사는 원초적 및 이차적 경제행위가 어떤 진화 과정을 거쳐 오늘날 우리들의 경제행위에 이르렀나를 밝히는 연구다.

경제사를 공부하는 사람들은 재화와 서비스, 노동과 자본과 자원의 향방에 대해 관심이 많다. 상품과 생산요소가 얼마나 어떻게 생산되고 소비되고 분배되는지가 중요한 것은 당연하다. 근래에는 정보와 지식과 같은 광의의 경제적 요소들이 어떻게 형성되고 전파되고 변형되는지도 중요하게 인식한다. 그러나 이것으로도 충분하지 않다. 경제 구조와 경제적 성과는 이런 경제적 요소만이 아니라 정치·문화·제도·사상 등 비경제적 요소들에도 강력하게 영향을 받는다. 따라서 이 책에서 경제사에 관심을 둔다고 말할 때에 그 의미에는 경제행위에 영향을 미치는 경제적 요인과 함께 비경제적 요인이 가급적 폭넓게 포함된다. 요약하자면 경제사는 경제활동과 그에 영향을 주는 다양한 요인들을 둘러싼 '역사' 탐구다.

'역사'에 대해 좀 더 생각해 보자. '역사'는 두 가지 의미로 해석된다. 하나는 과거에 실제 벌어진 사건, 즉 현실세계에 발생한 변화다. 다른 하나는 발생한 사건과 변화를 나름의 관점으로 이해하고 평가하는 작업, 즉 역사 공부를 의미한다. 그런데 20세기 후반과 21세기 초반을 지나면서 역사는 두 가지 의미에서 모두 중대한 변화를 경험했다.

첫 번째 측면, 즉 현실세계의 변화라는 측면에서 과거와 가장 뚜렷하게 구분되는 점은 '세계화globalization'가 크게 진전되었다는 사실이다. 세계화는 한마디로 지구가 작아지는 현상을 말한다. 사람, 상품, 생산요소, 지식, 정보, 기술, 제도, 관습 등 사회와 경제와 문화를 구성하는 수많은 요인들이 전 지구적 차원에서 교류되고 소통되는 속도와 강도가 높아졌다. 그래서 지구의 물리적 크기는 변하지 않았지만, 그 위에서의 인간 활동은 과거보다 훨씬 빨라지고 많아졌다. 이런 변화가 발생한 데는 여러 요인들이 작용했다. 정보통신기술이 비약적으로 발달한 것, 소련이 붕괴하고 동유럽 국가들이 자본주의로 체제를 전환한 것, 신자유주의가 세계적으로 확산된 것 등이 대표적이다. 이런 기술적·정치적·경제적 요인들이 작용한 결과 우리는 과거 어느 때보다 작아진 지구, 촘촘하게 얽힌 세계에서 살아가고 있다.

세계화가 진전되자 역사의 둘째 측면, 즉 공부로서의 역사에도 중대한 변화가 발생했다. 과거에는 특정한 집단(국가, 경제권, 문화권 등)이 어떻게 역사적으로 변화해 왔는가에 관심을 갖고, 그 요인을 내부적 특수성에서 찾아내는 작업이 역사 연구의 중심을 이루었다. 집단들 사이에서 어떻게 상호작용이 일어났는가는 부차적인 이슈로 취급되는 경향이 강했다. 그러나 근래에는 특정 집단의 역사를 탐구할 때 세계 다른 집단들과의 상호작용을 제외하는 논의는 그 자체에 중대한 결함이 있을 수밖에 없다는 인식이 확산되었다. 예를 들어 한 국가의 경제적 성공 원인을 분석한다고 하자. 과거에는 해당 국가 고유의 자원, 제도, 국민성 등을 강조했던 데 반해, 이제는 해당 국가가 다른 지역과 맺은 관계, 제도적 개방성, 문화적 다양성, 사회적 포용성 등이 중요하게 여겨진다. 개별 국가의 성취를 그 국가가 내포한 특수성 위주로 설명하는 것은 편협한 사고이며, 그보다는 전 지구적 맥락에서 해당 국가가 어떻게 장점을 효과적으로 살렸는가를 이해해야 한다는 것이다. 역사를 글로벌한 시각에서 바라보는 것만이 진정 균형감 있는 연구라는 확신이 이제는 역사학계 전반에 널리 공유되고 있다.

공부로서의 역사에서 발생한 또 하나의 현대적 현상은 시각 자료—사진과 동영상을 포함해서—의 활용이 비약적으로 증가하고 있다는 사실이다. 과거에 역사 공부에서 시각 자료를 활용하지 않은 것은 아니지만, 대부분의 경우 문자로 기술된 내용을 보완하는 데 그쳤다. 실제 역사 공부에서 그림이 본격적으로 활용되기 시작한 것은 최근이다. 이런 변화에 가장 직접적으로 영향을 끼친 것은 기술의 진보다. 우선 인쇄 기술이 발달하면서 과거와는 달리 적은 비용으로 질 좋은 출력이 가능해졌다. 특히 컬러인쇄 기술이 향상되어 시각적 효과가 큰 컬러 자료의 활용이 손쉬워졌다. 더욱 결정적인 영향은 정보통신기술의 발달이 가져왔다. 모니터에 컬러 자료를 띄우고, 이를 변형하고, 공유하는 작업이 쉬워졌다. IT기술의 혁신으로 지구 곳곳에서 생산된 시각 자료가 빠르고 값싸게 전 세계로 퍼지게 되었다. 또한 스마트한 기기의 발달은 언제 어디서나 자료를 접하고 전송하는 일을 가능하게 하여 비주얼 매체의 유통 속도를 크게 높였다. 이런 기술의 진보에 힘입어 비주얼 매체의 활용이 눈부신 속도로 증가하고 있다. 문자 기록이 다른 형태의 기록보다 우월하다는 전통적 인식은 이제 새로운 추세에 빠르게 자리를 내주고 있다.

그런데 그림 자료를 통해 역사를 탐구하는 작업이 최근에 와서야 본격화되었기 때문에, 아직까지 이를 효과적으로 이용하는 방법이 풍부하게 개발되지는 못한 것 같다. 이 책은 옛 그림에 숨어 있는 여러 힌트를 찾아내어 이를 통해 경제사를 돌아보고자 한다. 달리 말하자면 그림을 미적으로 '감상하는' 것이 아니라 그림에 담긴 시대상을 '읽는' 것이 목적이다. 그렇다면 이런 작업에서 특히 주의해야 할 점은 무엇인가?

무엇보다 그림의 주제를 이루는 사건이 발생한 역사적 맥락, 그리고 작품을 그릴 당시 화가의 가치관을 살펴보는 것이 중요하다. 특히 과거에 그려진 '역사화'의 경우, 그림이 제작된 시점이 그림 속 사건이 발생한 시점과 멀리 떨어진 경우가 많다. 중세 화가가 그린 구약시대의 대홍수를 떠올려 보면 이해하기 쉬울 것이다. 이때 제작 시점과 관련된 여러 요인들이 그림의 내용에 영향을 끼칠 수 있다. 따라서 누가, 언제, 어떤 목적으로 그 그림을 그렸는지를 잘 살펴보아야 한다. 누구의 후원을 받아 그림을 그렸는지, 누구를 특별히 의식하고 그렸는지, 그리고 누구의 영향을 받아 그렸는지가 중요하다. 또한 화가가 의도적으로 어떤 대상을 특정한 방식으로 표현했을 수도 있고, 부지불식간에 자신이 속한 사회와 시대의 속성을 그림에 반영했을 수도 있다. 한편, 화가의 역사적 지식이 충분하지 않아 과거의 사건이나 배경을 잘못 묘사했을 가능성도 있다. 이런 측면들에 우리는 세심하게 주의를 기울여야 한다. 때로는 같은 주제로 다른 시기에 그려진 작품들을 비교하면서 의미 있는 시사점을 끌어낼 수도 있을 것이다.

이렇듯 그림을 감상하기보다 읽는 것이 목적이기 때문에, 이 책에 등장하는 그림은 미술사적으로 높은 가치를 지니는 명작만으로 한정하지 않았다. 이들에 비해 미학적 수준이 떨어지는 작품, 이전에 있었던 그림을 모사한 작품, 기법 훈련을 제대로 받지 않은 사람들이 남긴 작품도 모두 관심 대상이 된다. 또한 풍자를 목적으로 그린 캐리커처나 신문과 잡지에 실린 만평도 중요하다. 포스터나 광고의 형태로 제작된 작품 또한 주목할 가치가 크다. 한마디로 말해 이 책에서 다루는 그림에는 경계가 없다. 지역적으로도 다양한 문화권에서 제작된 그림들을 골고루 다룬다. 구세계(아시아, 유럽, 아프리카)와 신세계(남북 아메리카), 유교권과 불교권과 이슬람권과 기독교권, 그리고 열강과 식민지에서 만들어진 작품들이 모두 논의의 대상이다.

비주얼 자료를 통해서 경제사를 보되 특히 '세계화의 진화 과정'이라는 관점에서 이야기를 풀어 가는 것, 이것이 이 책이 의도하는 바다. 20세기 후반 이래 세계화가 빠르게 전개되었다는 점은 우리가 익히 알고 있다. 그러나 긴 역사를 통해 보면 세계화는 인류가 오늘날 처음 경험하는 현상이 아니었다. 과거에도 세계화가 빠르게 진행된 여러 차례 시기들이 있었고, 그 사이에 세계화가 후퇴한 시기도 있었다. 이를 간단히 정리해 보자.

세계화가 두드러졌던 20세기 후반~21세기 초반과 대조적으로, 20세기 전반은 대공황과 두 차례에 걸친 세계대전으로 세계화가 크게 후퇴한 시기였다. 주변국을 적대시하는 분위기에서 교역과 교류가 활발히 이루어지기를 기대할 수 없었다. 이에 앞서 19세기 중반에서 20세기 초에 이르는 시기에는 세계화가 눈부신 속도로 진행되었다. 여러 국가들이 경쟁적으로 공업화를 이룬 결과, 각국의 경제가 과거 어느 때보다 서로 밀접하게 연결되었고, 문화적 교류도 비약적으로 증가했다. 엄청난 수의 구세계 인구가 신세계로 이민을 간 시기이기도 했다. 학자들은 이 시기를 '1차 세계화'라고 명명함으로써 오늘날의 세계화— '2차 세계화'—와 구분한다. 1차 세계화 시대를 세분하여 1870년대 이전을 자발적 세계화, 이후를 강제적 세계화라고 부르는 학자도 있다.

18세기 후반에서 19세기 중반에 이르는 시기에는 두 가지 중요한 '혁명'이 발생했다. 영국에서는 세계최초로 산업혁명이 일어나 세계경제의 구조를 대대적으로 변화시켰고, 프랑스에서는 대혁명이라는 정치적 변혁이 발생해 국제정치적 변화를 이끌었다. 그에 앞서 17~18세기에는 네덜란드, 영국, 프랑스 등 유럽의 열강들이 중상주의를 내걸고 지구 곳곳을 식민지화함으로써 세계화의 중요한 선례를 남겼다.

15세기 말, 콜럼버스와 바스코 다 가마의 신항로 개척으로 대항해시대가 개막했다. 대항해 시대는 이전까지 접촉이 거의 없었던 구세계와 신세계를 하나로 묶는 중요한 세계사적 변화였다. 처음으로 지구가 단일 경제권으로 거듭난 것이다. 아시아에서 유럽 쪽으로 세계경제의 무게중심이 옮겨 가기 시작했다는 점도 중요하다. 구세계와 신세계가 독자적으로 움직이던 시기에도 '국지적' 세계화가 발생하곤 했다. 13~14세기에 칭기즈 칸의 후예들이 지배한 몽골제국은 유라시아의 세계화를 이끈 강력한 세력이었다. 개방적인 대외정책 속에서 몽골인들은 교류와 교역의 전성기를 탄생시켰다. 그러나 흑사병이 구세계 전역에서 창궐함에 따라 세계화는 다시금 후퇴를 맞기도 했다. 그렇지만 중세의 기독교권, 이슬람권, 유교권은 각각 나름대로 작은 세계화를 이끌어 갔다.

고대사회에서는 유럽의 로마와 동아시아의 한나라가 큰 규모의 국지적 세계화를 주도했다. 그보다 앞선 시기에 존재했던 고대문명과 제국의 운영에서도 국지적 세계화의 사례를 찾아볼 수 있다. 가장 멀리까지 거슬러 올라가면, 인류가 아프리카에 첫발을 디딘 후 생존을 위해 다른 대륙으로 이동해 간 사건을 인류 최초의 세계화라고 부를 수 있을 것이다. 이처럼 인류의 역사는 세계화의 역사라는 관점으로 재구성해 볼 수 있다.

이 책은 고대부터 20세기에 이르는 인류의 긴 역사 속에서 총 22개의 주제를 선택하여 각 장을 구성했다. 각 장에서 우리는 수수께끼 같은 그림들을 살펴보고 그 속에서 역사적 힌트를 얻어 가면서 경제사의 이모저모를 살펴보게 될 것이다. 세계화의 변화를 이끈 다양한 요인들에 대해 알아보면서, 오늘날의 모습이 어떻게 만들어졌는가를 곰곰이 생각해 보자. 그저 그림 퀴즈를 재미삼아 하나하나 풀어 본다는 가벼운 마음으로 책장을 넘겨 주시길 바란다.

이 책의 출발점은 2013년 말부터 『중앙 선데이』에 연재한 '비주얼 경제사 – 세계화는 어떻게 진화했나?'의 원고다. 거기에 새롭게 그림들을 보태고 내용을 보완하고 늘려 각 장의 완성도를 높이는 방식으로

이 책을 집필했다. 출발점에서 여기까지 오는 데 많은 분들의 도움이 있었다. 우선 경제사를 그림과 접목시키겠다는 나의 모험적 시도를 긍정적인 시선으로 봐주고 좋은 지면에 실을 수 있도록 힘써준 정경민 부장께 마음 깊은 고마움을 전한다. 게재를 선뜻 허락해 주신 남윤호 편집국장님, 그리고 2014년부터 새 담당자로서 내게 많은 격려와 도움을 주신 김종윤 에디터께도 감사를 드린다. 초기 원고를 읽고 조언을 많이 해 주신 신희진 씨에게도 고맙다. 줄곧 내 글에 관심과 애정을 보여 주신 직장의 여러 선후배 동료 교수님들도 언급하고 싶다. 이렇게 좋은 환경이 내게 없었더라면 글쓰기가 편치만은 않았을 것이다. 서울대에서 열린 경제사 세미나에서 비주얼 경제사에 대한 발표에 대해 양동휴 교수님과 이철희, 이지홍 교수가 해 준 유익한 조언도 내게 큰 힘이 되었다. 그리고 '비주얼 경제사'의 첫 편이 신문에 게재된 날부터 지금까지 늘 깊은 관심을 보여 주어 마침내 출판의 인연을 맺게 된 아트북스에도 뜨겁게 감사한다. 손희경 편집장님의 세련된 설득력과 기획력, 편집진의 빼어난 솜씨 덕분에 멋진 책이 탄생할 수 있었다. 마지막으로, 새로운 글쓰기에 나선 나를 격려해 준 아내와 격정의 중2 신분임에도 아빠의 작업에 관심을 보여 주려 애써 준 딸내미에게 고마움을 표한다.

2015년 10월

혜화동 연구실에서 송병건

차례

들어가는 글 l 그림으로 경제사 읽기_004

01 죽어 가는 자, 위로하는 자는 누구인가?
알렉산더, 동서양을 융합한 코스모폴리탄 문화를 창조하다 _017

02 한漢 무제武帝의 예불?
장건, 실크로드 개척에 시동을 걸다 _029

03 장거리 무역의 귀재
이슬람 상인, 지구 절반을 촘촘한 무역망으로 엮다 _041

04 무엇이 그들을 끔찍한 죽음으로 몰아넣었나?
팍스 몽골리카 시대, 동서 무역이 질병을 세계화하다 _055

05 허풍쟁이의 베스트셀러 탄생기
마르코 폴로의 중국 여행기, 미래 탐험가들을 키우다 _069

06 콘스탄티노플의 철옹성은 어떻게 무너졌나?
비잔틴제국의 최후 전투, 세계 경제를 뒤흔들다 _081

07 임진왜란과 세계 노예무역, 그 함수 관계
대항해 시대, '부유한 산'의 은銀이 세계를 일주하다 _093

08 백지에서 시작된 유럽의 지식 혁명
중국 발명품, 유럽의 지식 대중화를 선도하다 _105

09 역사상 최고가의 꽃
네덜란드 금융시장, 알뿌리가 거품을 낳다 _117

10 세계 최대 국가의 탄생 배경
명품 모피에 대한 소비욕, 시베리아 정복을 이끌다 _129

11 나폴레옹이 스핑크스를 납작코로 만들었다?
프랑스의 이집트 원정, 영국과의 지식 전쟁으로 이어지다 _141

12 인간의 탐욕이 낳은 가장 잔인한 무역품
1,600만 명의 아프리카인 노예, 아메리카로 팔려 나가다 _ **153**

13 석탄과 기계 시대의 재해
산업혁명 시기, 산업재해는 이렇게 일어나고 이렇게 극복되었다 _ **165**

14 영국의 '3중 전성시대'
만국박람회, 산업혁명을 유럽 전역에 확산시키다 _ **177**

15 아일랜드인의 운명을 바꾼 '악마의 식물'
1840년대 감자 흉작, 아일랜드의 대기근과 이민을 초래하다 _ **189**

16 일본 탈아시아 정책의 서막
페리 제독의 흑선黑船, 일본 사회 개조의 닻을 올리다 _ **201**

17 여행은 어떻게 중산층의 취미가 되었나?
19세기 중반 서구인들, 휴양지의 맛에 빠져들다 _ **213**

18 아메리카 대평원의 버펄로, 그 비극적 운명
생태계의 세계화로 인간과 버펄로 간의 균형이 깨지다 _ **225**

19 인도의 철도, 그 이익을 가져간 곳은?
식민지 인도, 강제적 세계화의 끝을 보여 주다 _ **237**

20 거대기업 황금시대
철도왕, 석유왕, 금융왕이 경제를 장악하다 _ **249**

21 프랑스 흡혈귀는 독일 여인의 피를 빨고 산다?
제1차 세계대전 후 배상금과 채무 갈등, 세계화를 후퇴시키다 _ **261**

22 산타클로스, 그 이미지의 진화
성인聖人에서 대중소비의 아이콘으로 변신하다 _ **273**

맺는 글 I 되돌아보는 세계화의 역사 _ **284**
참고문헌 _ **290**

죽어 가는 자,
위로하는 자는
누구인가?

**알렉산더,
동서양을 융합한
코스모폴리탄
문화를 창조하다**

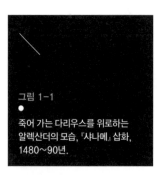

그림 1-1

죽어 가는 다리우스를 위로하는
알렉산더의 모습, 『샤나메』 삽화,
1480~90년.

갑옷을 입고 투구를 쓴 군인들이 몰려 있다. 이들의 시선이 일제히 향한 지점에 푸른색 갑옷을 입고 투구를 쓴 사람이 피를 흘리며 쓰러져 있다. 그의 머리맡에는 검은 바탕에 금색 줄무늬 갑옷을 입은 인물이 쓰러진 이의 머리를 받친 채 앉아 있다. 죽음을 앞둔 부상자에게 마지막 위로와 함께 사후의 안식을 기원해 주는 듯하다. **이 그림은 어떤 역사적 장면을 묘사하고 있을까?**

그림 1-1의 등장인물들은 얼굴과 복장이 하나같이 몽골풍이다. 인물들의 생김새는 물론이고 화법畫法 자체에서도 중국적인 느낌이 풍긴다. 들판을 메운 풀과 꽃도 장식적인 면에서 서아시아 내지 중앙아시아풍으로 그려져 있다. 그림의 위쪽과 아래 왼쪽에는 페르시아어로 쓰인 문장이 보인다.

이 그림은 1480년대에 제작된 것으로 알려져 있다. 페르시아에서 티무르왕조가 쇠퇴기를 맞던 시기다. 티무르는 수도를 사마르칸트에 둔

그림 1-2　철로 만든 바퀴 달린 말과 기마병으로 인도 병사들을 격퇴하는 알렉산더, 「샤나메」 삽화, 1330~40년경.

투르크 – 몽골계 제국으로, 종교적으로는 수니파 이슬람이 지배권을 행사한 왕조였다. 이상의 정보를 종합해 보자면, 이 그림에는 몽골과 페르시아의 문화가 융합되어 있다. 그림 1-2는 다른 페르시아 작품을 보여 준다. 이 그림에 불꽃과 구름 등 중국 회화의 모습이 보이는데 이는 당시 몽골 제국과 교유한 페르시아의 모습을 반영한다.

　　그림 1-1이 다룬 주제는 그림이 제작되기 약 1800년 전에 발생한

역사적 사건이다. 기원전 333년 아나톨리아 남부에서 알렉산더 대왕이 이끄는 그리스 군대와 다리우스 3세가 이끄는 페르시아제국의 군대가 격돌한 이수스 전투Battle of Issus가 그것이다. 이 전투는 소아시아의 미래는 물론 그리스 세력과 페르시아 세력 전체의 명운을 건 중대한 일전이었다. 이 역사적 전투에서 승자는 알렉산더였고 패자는 다리우스 3세였다. 이 그림의 제목은 「죽어 가는 다리우스를 위로하는 알렉산더」다. 전투에서 치명상을 입은 다리우스의 임종을 지켜보는 이가 알렉산더다. 그는 죽음을 앞둔 적장을 기리고 그의 명예를 지켜 주는 포용력 있는 인물로 그려져 있다.

　　이 그림은 1480년대에 발간된 페르시아의 장편 서사시 『샤나메 Shahnameh』에 수록된 삽화다. 『샤나메』는 10세기 말~11세기 초에 시인 페르도우시Ferdowsi가 페르시아제국의 역사와 전설을 주제로 쓴 서사시로, 페르시아어를 사용하는 지역에 널리 알려진 작품이었다. 『샤나메』는 15세기부터 페르시아의 통치자들의 후원을 받아 삽화가 들어간 형태로 반복적으로 출판되었다. 이 서사시는 태초에서 시작하여 페르시아가 이슬람교를 받아들이는 7세기까지를 다루는데, 신화시대에서 출발하여 가장 큰 비중을 차지하는 영웅시대를 거쳐, 인간시대로 이어지는 구조다. 『샤나메』에 나타나는 알렉산더의 이미지는 다양한데, 작품의 전체 구조 면에서 본다면 알렉산더가 영웅시대를 매듭짓는 핵심 인물로 등장한다는 점이 중요하다. 페르시아 왕위 계보에서 알렉산더는 정통성의 중추에 해당하는 결정적 인물로 묘사되고 있는 것이다.

실제 역사에서 다리우스는 전장에서 사망하지 않았다. 그는 왕비와 가족들을 마케도니아 군의 포로로 남겨 둔 채 박트리아로 피신하여 재기를 꿈꿨다가 측근에게 암살되었다. 화가는 알렉산더의 영웅적 면모를 극대화하기 위해 다리우스가 포용력 넘치는 알렉산더 앞에서 임종을 맞는 것으로 표현했다.

다른 문화권에서는 알렉산더가 어떻게 묘사되어 있을까? 알렉산더만큼 생애와 모험담이 다양한 문화권으로 전해진 인물도 드물다. '알렉산더 로맨스Alexander Romance'라는 이름으로 불리는 이 이야기는 그리스어로 처음 쓰인 후에 4~16세기 사이에 라틴어, 아르메니아어, 히브리어, 그리고 중세 유럽의 각종 지역어로 번역돼 전파되었다. 특히 위험을 마다하지 않고 모험을 즐기는 알렉산더의 활약상이 무척이나 흥미진진하게 묘사되어 있다. 전설의 아마조네스 부족 여왕과 만나는 이야기, 아프리카 남쪽에 사는 머리가 없고 몸통에 눈이 달린 블레미아라는 괴물 부족과 대적하는 이야기 등이 대표적이다. 그림 1-3은 1420년대에 프랑스에서 제작된 것으로, 알렉산더의 모험 장면을 보여 준다. 머리가 두 개씩 있고 온몸에 눈이 달린 용들을 알렉산더 원정대가 격퇴하고 있다. 오늘날의 할리우드 블록버스터 영화에서 봄직한 광경이다.

심지어 그의 모험담은 육지에서의 활약에 국한되지 않았다. 20년 후 프랑스에서 출간된 『탤벗 슈루즈베리 북Talbot Shrewsbury Book』에 실린 그림 1-4를 보자. 유리로 만든 통 속에 들어가 해저를 탐사하는 알렉산더의 모습을 묘사하고 있다. 가히 현실과 가상의 세계를 넘나드는 전설

그림 1-3 알렉산더 대왕 이야기, 1420~25년경.

그림 1-4 『탤벗 슈루즈베리 북』에 실린 알렉산더 대왕의 모습, 1444~45년.

그림 1-5 소도마, 「알렉산더 대왕 앞에 선 다리우스 가족의 여인들」(부분), 1517년경.

적 영웅의 풍모라 하겠다.

또 다른 그림을 보자. 그림 1-5는 이탈리아 르네상스 시대의 화가 소도마Il Sodoma—본명은 조반니 안토니오 바치Giovanni Antonio Bazzi, 1477~ 1549—의 작품이다. 이 그림은 다리우스가 도주하면서 남겨진 가족들을 알렉산더가 맞아 주는 장면을 묘사한다. 그림 1-1에서와 마찬가지로 이 그림에서도 알렉산더는 적장의 가족에게 예를 갖추어 대하는 인자하고 포용력 넘치는 영웅으로 묘사되어 있다.

여기에서 한 가지 의문이 떠오른다. 알렉산더의 모습에서 왜 유난히 포용력이 강조되었을까? 아마도 페르시아를 정복한 때에 그의 나이

비주얼 경제사

가 불과 20대 초반이었다는 점과 관계가 깊을 것이다. 알렉산더가 시공을 초월하여 영웅으로 추앙받게 된 데는 약관의 나이에 그리스의 변경인 마케도니아에서 출발하여, 지금의 인도 북부에 이르기까지 수많은 정복 전쟁을 성공적으로 이끌어 대제국을 건설했다는 점이 최우선으로 작용했을 것이다. 하지만 군사적 승리만으로는 부족함이 있다. 특히 젊은 지도자로서는 물리적 성취만이 아니라 나이에 걸맞지 않는 '지혜'와 '포용력'이 영웅으로 인정받기 위한 필수조건이었을 것이다.

그가 지혜라는 덕목을 쌓는 데는 어려서부터 받은 특별한 교육이 해답을 제시했다. 알렉산더의 아버지 필리포스 2세가 대학자로 명성이 자자했던 아리스토텔레스를 초빙하여 당시 13세였던 알렉산더에게 3년에 걸쳐 철학, 윤리학, 문학, 자연과학 등을 가르치게 했다. 이런 교육이 알렉산더의 지적 호기심을 자극하고 넓은 세상에 대한 안목을 키워 주었을 것이다. 이를 증명하듯 알렉산더는 호메로스의 시를 즐겨 읽었으며, 원정에 여러 학식 높은 학자들을 대동했다고 전한다.

젊은 정복자로서 상대적으로 더 취약한 면, 그래서 더욱 신경이 쓰였던 면은 포용력이었을 것이다. 알렉산더를 영웅으로 숭상하는 내용의 작품들이 그의 넓은 아량을 강조한 것은 이런 사정을 반영한 것이었으리라. 하지만 포용력은 '영웅 만들기'에만 필요한 것이 아니다. 점령지를 실질적이고 효과적으로 통치하기 위해서도 강조할 필요가 있었다. 알렉산더는 웅대한 꿈을 품은 인물이었다. 그리스와 오리엔트를 잇는 대제국을 건설하는 데 그치지 않고 대제국을 그리스 문화로 통합시키고자 했다.

그림 1-6　플라시도 코스탄치, 「알렉산드리아를 세우는 알렉산드로스 대왕」, 1736~37년.

플루타르코스의 『영웅전』에 나오듯이 알렉산더는 "그리스의 정의와 평화라는 축복을 모든 국가에게 내려서 적셔 주고자" 했던 것이다. 그러나 그가 생각한 세계화는 일방적이고 강제적인 그리스화Hellenization가 아니었다. 그가 꿈꾼 세상은 이집트와 페르시아의 문화가 잘 융합된 개방된 그리스제국이었다. 알렉산더의 포용력은 이런 맥락에서 이해해야 한다. 그의 포용력은 정복당한 페르시아 사회에 대한 호의적 제스처였다.

이런 해석을 뒷받침하는 일화가 있다. 알렉산더와 동시대를 살았던 인물인 에피푸스Ephippus는 대왕에 대한 흥미로운 비판을 남겼다. 대왕이 그리스 신화에 나오는 처녀사냥꾼 아르테미스를 흉내 내 여자 옷을 입고서 사냥을 즐기곤 했다는 내용이다. 이를 어떻게 이해해야 할까? 오늘날 다수의 역사가들은 에피푸스의 비판이 터무니없는 중상이라고 본다. 알렉산더가 페르시아의 왕실의 전통을 존중하는 의미로 페르시아 복장─그리스인들의 눈에 여성스러워 보이는─을 하고 사냥에 나서곤 했던 일화를 에피푸스가 악의적으로 해석했다는 것이다.

대왕이 진정 이루고 싶었던 것은 자신의 대제국이 정치적 · 경제적 · 문화적으로 융화되어 하나가 되는 것, 즉 코스모폴리탄한 가치와 제도가 통용되는 사회로 만드는 것이었다. 제국 곳곳에 20여 개의 도시를 지어 '알렉산드리아'로 명명하고 예술과 문화의 교류를 장려한 사실도 이에 잘 들어맞는다. 알렉산더가 점령한 지역에서는 대왕의 이런 노력이 있었기에 헬레니즘이라고 불리는 범汎그리스적 사조가 번영하고 스토아학파나 에피쿠로스학파와 같은 사상들이 꽃을 피울 수 있었다. 그리고 이와 동시에 지중해 동부에서 북인도에 이르는 광대한 지역이 단일한 경제권으로 통합되었다. 제국의 국경 내에서는 화폐가 자유롭게 통용되고 무역이 활성화되었다.

18세기 이탈리아 바로크 화가 플라시도 코스탄치Placido Constanzi, 1702~59가 제작한 그림 1-6에 알렉산드리아 건설을 위해 대왕이 건축가 디노크라테스Dinocrates에게 지시를 내리는 모습이 묘사되어 있다. 참고로 이 그림은 18세기 초반 여러 왕위 계승 전쟁의 한가운데 있었던 펠리페 5세의 궁전을 장식하기 위해 주문된 것이었다. 유럽 여러 지역의 통치권을 놓고 골머리를 앓던 펠리페 5세에게 알렉산더는 부러운 상대였음에 틀림없다.

알렉산더는 불과 33세의 나이에 삶을 마감했지만, 세계화의 선구자로서 인류에 뚜렷한 역사적 발자취를 남겼다. 문화권·경제권을 초월해 불세출의 영웅이라는 평판에 모자람이 없는 인물이었다.

02

한漢 무제武帝의 예불?

**장건,
실크로드 개척에
시동을 걸다**

그림 2-1
●
「장건출사서역도」,
둔황 막고굴 323굴 북벽,
7~8세기

중국 내륙 깊숙한 곳에 위치한 도시 둔황敦煌의 막고굴莫高窟 323호에는 한나라 무제武帝의 명을 받아 장건張騫이 사절단을 이끌고 서역으로 떠나는 모습을 묘사한 벽화가 있다. 이 벽화 아래쪽에는 말을 탄 한 무제 앞에서 장건이 손에 홀笏을 들고 출발을 고하는 장면이 있고, 위편 왼쪽으로 서역의 건물이 보인다. 그림의 위편 오른쪽에는 무제가 예배 의식을 행하는 장면이 등장한다. 자세히 보면 제당 안에 불상으로 보이는 두 개의 형상이 모셔져 있다. **무제는 불상 앞에서 이 원정의 성공을 기원하고 있던 것일까?**

그림 2-1의 제목은 「장건출사서역도張騫出使西域圖」다. 그림의 부분인 2-2는 그림 가운데 무제가 예불을 드리는 장면을 자세히 보여 준다. 그런데 장건이 서역으로 떠난 것은 기원전 139년이었고 2차 사행使行을 마치고 돌아온 것은 기원전 115년이었다. 이 시기에 장건은 불교에 대해 얼마나 알고 있었을까? 석가모니는 기원전 563년에 탄생해 기원전 483년경에 입적했다. 그러나 불교가 중국에 전파된 것은 훨씬 후의 일이었다. 인도에서 발흥한 불교는 여러 경로를 통해 아시아 전

역으로 퍼졌다. 그중 한 가지 경로가 인도 북부의 간다라 지방을 거쳐 실크로드를 따라서 동진하여 중국에 이르고 이어서 한국과 일본에까지 이어진 것이었다. 이 길을 따라 중국에 불교가 전래된 정확한 시점은 서력 기원 직후였을 것으로 학자들은 추정한다. 따라서 적어도 한 무제가 불교를 신봉했을 가능성은 없다. 그렇다면 위의 벽화를 어떻게 이해해야 할까?

먼저 장건의 원정에 대해 알아보자. 중국 최초의 통일왕국이었던 진나라는 시황제가 사망한 뒤에 곧 분열되었는데, 다시 유방劉邦, 기원전 247~기원전 195이 한나라를 세워 통일했다. 북방의 흉노라는 막강한 세력이 한나라에 지속적으로 군사적 위협을 가했으므로, 초기의 황제들은 흉노에게 비단, 곡물, 화폐 등을 내주고 공주를 흉노에게 출가시키면서 평화를 유지하는 정책을 폈다.

그런데 한의 7대 황제인 무제 유철劉徹, 기원전 156~기원전 87은 이런 화친정책이 마음에 들지 않았다. 그는 세계 최강의 제국을 건설하겠다는 포부를 지닌 인물이었다. 역사책은 그를 동쪽으로는 한사군을 설치하여 한반도까지 영토를 넓히고, 남쪽으로는 베트남 부근까지 진출한 정복의 제왕으로 기록하고 있다. 그런 무제에게도 최대 난적은 북쪽의 흉노였다. 그는 과거 흉노에게 쫓겨 서역으로 밀려났던 대월지大月氏(중국의 전국 시대에서 한대에 걸쳐 중앙아시아에서 활약하던 터키계의 민족)와 동맹을 맺어 흉노를 좌우에서 협공하겠다는 계획을 세웠다. 이 원대한 계획을 이루기 위해 무제는 장건 일행을 파견하기로 했다.

그림 2-2 「장건출사서역도」(모사도, 부분).

그러나 계획은 무제의 뜻대로 진행되지 않았다. 장건은 중간에 흉노에게 붙잡혀 10여 년 동안 억류되었다. 거기에서 그는 아내와 자식을 얻었지만 애초 무제가 내린 임무를 잊지는 않았다. 장건은 우여곡절 끝에 흉노의 땅을 탈출하여 마침내 대월지에 도착했다. 하지만 동맹을 맺는 데는 실패했고, 귀국길에 다시 흉노에게 잡혔다가 재탈출에 성공하여 마침내 고향에 돌아올 수 있었다. 서역에 대한 그의 지식은 후에 사마천의 『사기史記』와 반고의 『한서漢書』에 수록되었다. 기원전 119년에도 무제는 다시 흉노를 협공할 세력으로 터키계의 유목 민족인 오손烏孫과 연합하고자 장건을 파견했으나 이번에도 동맹을 맺는 데는 실패하고 말았다.

비록 장건의 시도는 성공하지 못했지만, 장건의 보고를 통해서 한나라는 서역에 대한 지식을 축적하게 되었다. 그리고 이때부터 양 지역 간에 외교적, 경제적, 문화적 교류가 활발하게 이루어지게 되었다. 한에서 서역으로 비단 등의 재화가 수출되었고, 반대로 유입된 재화로는 석류, 포도, 상아, 금, 향료, 보석, 그리고 중국인들이 가장 높이 평가한 말인 '한혈마汗血馬' 등이 있었다.

한의 교역망은 중앙아시아를 지나 로마제국에까지 이르렀다. 인도양을 거치는 해상교역로도 이용되었다. 역사가들은 로마제국의 상인들이 인도양을 항해하기 위해서는 무역풍을 이용해야 한다는 점을 알게 된 시점이 적어도 기원전 1세기라고 고증한다. 당시의 두 대제국인 로마와 한의 중간에 위치한 상인들은 릴레이 방식으로 유라시아를 잇는 기나긴

그림 2-3 반초의 초상화.

무역망을 운영했다. 로마제국이 한때 과도한 비단 수입으로 재정 압박을 받을 정도였다는 기록이 남아 있는 것으로 볼 때 무역 규모가 제법 컸음이 분명하다.

한 무제 시대 이후에도 서역 및 그 너머에 대한 중국인들의 관심은 끊이지 않았다. 후한後漢의 무장 반초班超(그림 2-3)는 73년 흉노 토벌에 참가하여 공을 세운 후 30년 넘게 서역에 머물면서 정복지를 확대했다. 그는 『한서漢書』로 유명한 역사가 반고班固의 동생이었다. 반초는 부하 감영甘英을 서쪽으로 파견하여 대진大秦(로마)과 외교관계를 맺고자 했다. 『후한서後漢書』의 「서역전西域傳」에 의하면, 감영이 조지국條支國(시리아)에 이르러 앞에 놓인 큰 바다, 즉 지중해를 건너려고 하자 안식安息(파르티아, 기원전 247년, 이란계 유목민이 카스피해 동남쪽에 세운 고대 국가. 기원후 226년 사산 왕조 페르시아에게 망했다)의 뱃사공이 만류했다고 한다. 바다가 워낙 험해서 항해하는 데 순풍에도 3개월, 역풍이면 2년이나 걸리며, 조난 위험이 아주 크다는 이유에서였다. 여기서 한나라와 로마가 직접 교역하게 될 것을 염려해 안식인이 거짓말을 한 것이라는 해석이 가능하다. 이 이야기의 진위를 확인할 길은 없지만, 당시 유라시아의 교역로를 누가 통제하느냐가 큰 관심사였으리라는 점은 미루어 짐작할 수 있다. 2세기 중반에는 대진의 황제 안돈安敦(마르쿠스 아우렐리우스)의 사신이 바닷길을 통해 중국으로 왔다는 기록도 있다.

다시 둔황으로 돌아가 보자. 둔황은 중국 간쑤성甘肅省의 실크로드 요지에 위치한 오아시스 도시였다. 둔황은 이미 기원전부터 서역으로 통하는 전진 기지로서 중요성을 인정받았고, 당 왕조까지 유라시아를 잇는 교역과 문화교류의 관문으로 번영을 누렸다. 특히 밍사산鳴砂山 기슭에 위치한 막고굴은 산비탈에 1,000개가 넘는 석굴을 뚫어 조성한 위대한 불교 유산이다. 현재까지 발굴된 약 500개의 석굴에서 많은 벽화와 경전 등의 불교 유물이 발견되었다. 신라의 혜초慧超가 8세기에 인도를 답사하고 지은『왕오천축국전往五天竺國傳』이 발견된 곳도 바로 이곳이다.

그렇다면 벽화에서 한 무제는 왜 예불을 드리는 듯한 모습으로 묘사된 것일까? 이 벽화가 그려진 시기가 7~8세기 당나라 때였다는 점이 힌트일 것이다. 불교가 융성하던 당나라에서 불심이 깊은 화가가 장건의 이야기를 불교적으로 각색하여 벽화를 제작했으리라는 추측이 가능

그림 2-4 인도에서 돌아오는 현장법사를 묘사한 둔황 103굴의 벽화, 8세기.

하다. 즉, 한 무제를 경건히 예불 드리는 이미지로 표현함으로써 새롭게 불교 사적화를 탄생시킨 것이었으리라. 시기가 다르기는 하지만 인도에서 중국으로 불교가 전래된 것이 실크로드를 통해서였으므로, 역사적 맥락이 전적으로 틀린 것만은 아니다. 당나라의 고승 현장玄奘―『서유기』에 삼장법사三藏法師로 등장한다―이 7세기에 인도에서 불법을 공부하고 불교 경전을 가져온 것도 바로 이 실크로드를 통해서였지 않은가. 그림 2-4는 8세기에 제작된 둔황의 벽화인데, 현장법사 일행이 이 길을 걸어 중국으로 향하는 모습이 묘사되어 있다.

당대에 실크로드는 상인들이 무역을 위해 오가는 교역로였을 뿐만

그림 2-5　관음보살께 공양을 드리는 상인 가족, 둔황 석굴 벽화 중 일부, 10세기.

아니라 승려, 외교사절단, 유학생 등이 문화를 교류하면서 세계화를 이루어가는 통로였다. 특히 상업과 불교가 서로 긴밀하게 결합되면서 실크로드 위에서 번영의 꽃을 피웠다. 상인들은 실크로드를 따라 이주자 거류지를 건설하고 숙소, 시장, 창고와 더불어 승려가 지낼 승원僧院을 세웠다. 장거리 무역에는 항상 위험이 도처에 도사렸으므로, 상인들은 불교에 의지함으로써 마음의 안식을 찾고 사업이 번창하기를 기원했다. 상인 가문의 인물들이 경건하게 예불 의식을 치르는 모습을 묘사한 그림 2-5에서 상업과 불교의 결합을 어렵지 않게 확인할 수 있다.

　다시 그림 2-1로 돌아가보자. 제당에 모셔진 것이 불상이 아니었다면 과연 무엇이었을까? 예배를 드리는 무제 아래편에 적혀 있는 글귀가 해답의 실마리를 준다. 무제는 기원전 120년에 흉노의 군대를 토벌하고 두 개의 금인金人을 얻고서는 이를 감천궁甘泉宮(기원전 200년 진시황제가 수도 함양 북서쪽에 있는 감천산甘泉山에 세운 궁전. 이후 한 무제가 확장했다)에 모시고 제사를 지내곤 했다고 한다. 예배를 드리는 대상은 불상이 아니라 흉노가 제사를 지낼 때 모시던 '제천금인祭天金人'이었다는 것이다. 그러나 금인이 과연 그림에 묘사된 형상과 같았는지는 역사가들이 확신하지 못한다. 어쩌면 화가가 '제천금인'에 후대의 종교적 색채를 가미해 불상의 모습으로 재창조했을 수도 있다.

장건의 원정대를 묘사한 둔황의 벽화가 한 무제 당시의 모습을 그대로 반영하지는 못할 것이다. 그러나 실크로드의 요충지 둔황에서 장건으로 상징되는 '외교적' 요소와 불교라는 '종교적' 요소가 결합되어 벽화의 형태로 표현되었다는 점은 역사적으로 중요하다. 그리고 이 외교와 종교의 이면에는 경제적 교류에 대한 고려가 자리하고 있었음이 분명하다. 이 벽화는 동아시아에서 로마까지 이르는 유라시아 연결로의 발달 과정을 후대인들에게 잘 보여 주고 있는 것이다.

03

장거리 무역의
귀재

**이슬람 상인,
지구 절반을
촘촘한
무역망으로 엮다**

그림 3-1
●
알-와시티,
『마카마트』에 수록된 그림,
1237년.

벽돌로 지은 이슬람식 건물 안에 많은 사람들이 뒤엉켜 누워 있다. 얼마나 깊이 잠에 빠졌는지 불편한 자세에도 깨어날 기색이 없다. 대부분 수염을 기르고 머리에는 터번을 두르고 있으며, 팔에 금색 완장이 있는 긴 옷을 입고 있다. 자세히 보면 잠이 들지 않은 사람이 두 명 있다. 가운데 서 있는 푸른 옷을 입은 사람과 왼편에 있는 흰옷을 입은 사람이다. **이 그림은 어떤 장면을 묘사하고 있을까?**

그림 3-1은 이라크의 유서 깊은 오아시스 도시 와싯Wasit에 있는 건물을 묘사하고 있다. 잠에 빠져 있는 사람들은 이슬람 상인들이며, 이들이 누워 있는 건물은 사막을 건너 교역을 하는 대상隊商, caravan이 머무는 숙소인 카라반세라이caravanserai다. 팔에 두르고 있는 띠는 티라즈Tiraz라는 완장인데, 처음에는 통치자가 국영 공방에서 제작하여 귀족과 관료들에게 하사했다가, 점차 민간에서도 제작하여 일반인에게 퍼졌다고 한다. 자세히 보면 눈을 뜨고 있는 두 사람은 잠이 든 상인들에게

서 물건을 빼내고 있다. 일부러 약을 탄 음식을 먹여 정신을 잃게 하고는 소지품을 훔치는 현장이다.

이 그림은 알-와시티al-Wasiti가 그린 13세기 작품으로, 알-하리리al-Hariri가 저술한 것으로 알려진 고전 문학작품 『마카마트Maqamat』에 수록된 것이다. 원작 자체의 스토리가 따로 있기는 하지만, 이 그림에서 우리는 당시 이슬람 무역 상인들이 겪었음직한 위험에 공감할 수 있다. 낙타를 이끌고 험난한 사막을 고생스럽게 건너 오아시스 마을에 무사히 도착하면 상인들은 안도하면서 긴장을 풀었을 것이다. 이들이 마음을 놓는 바로 그 순간, 눈에 보이지 않는 위험이 닥치는 것이다.

사람들이 낙타를 운송에 본격적으로 이용하기 시작한 것은 2세기경이었다. 낙타는 말이나 노새보다 많은 짐을 나를 수 있었고, 특히 사막을 건너는 데 유리했다. 황량하고 드넓은 사막을 지나는 일은 상인들에게 고통스러웠지만, 대신 사막에는 강이나 밀림이 없어서 이동거리가 상대적으로 짧았고 맹수가 공격할 위험도 없었다. 또한 기후가 건조하여 병균이 서식하기 어려웠으므로, 상인이 질병에 걸리거나 물건이 변질될 위험도 적었다. 이런 이점들이 상인의 육체적 고단함을 상쇄하고도 남았기 때문에, 대상 무역은 끊이지 않고 이어졌다.

이슬람 상인들이 육로만 이용한 것은 아니다. 이들은 홍해와 페르시아만을 항해했을 뿐만 아니라, 인도양을 가로지르는 장거리 무역에서도 발군의 능력을 보였다. 그림 3-2는 '다우'라고 불리는 아랍 전통 선박이 페르시아만을 항해하는 모습을 묘사하고 있다. 자세히 보면 선실에

그림 3-2 알-와시티, 『마카마트』에 수록된 그림, 1237년.

탄 승객들은 모두 흰 피부에 색색의 터번을 두른 모습인 반면, 선상에서 일하는 선장과 선원들은 모두 피부가 검다. 이렇게 인물들을 두 부류로 다르게 표현한 까닭은 배를 모는 선장과 선원은 인도인이고 승객은 무역 업의 주역이었던 이슬람 상인이었기 때문이다.

이슬람 상인들의 해상 활약상은 대단했다. 지중해에서 유럽인과 거래한 이들은 바그다드에서는 페르시아만을 거쳐, 그리고 알렉산드리아와 카이로에서는 홍해를 거쳐 인도양에 이르렀다. 이들은 인도양을 가로질러 동남아시아에 도달했고, 심지어 동아시아까지도 건너가서 무역을 했다. 아바스 왕조750~1258(아바스가 세운 이슬람 왕조. 이라크를 중심으로 서아시아를 지배했으며 동서 문화가 융합된 이슬람 문화의 황금기를 이룩했다. 1258년에 훌라구가 이끄는 몽골군에 멸망했다)를 배경으로 하는 '신밧드Sindbad의 모험' 이야기는 바다 건너 미지의 세계에 대한 이슬람인들의 관심과 동경을 잘 보여 준다.

이슬람 상인들이 무역업에서 눈부신 성과를 낼 수 있었던 이유는 무엇일까? 역사가들은 이슬람 사회가 다른 문화권에 비해 상업에 호의적이었다고 평가한다. 여기에는 이슬람교를 창시한 마호메트가 상인 출신이라는 점도 작용했다. 하지만 더 중요한 이유는 이슬람 통치자들의 정책에서 찾을 수 있다. 그들은 이슬람교도가 아닌 이들도 국가에 인두세만 납부하면 경제활동에 제한을 받지 않도록 했다. 카라반세라이를 지어 국가에 기부하는 사람에게는 세금을 감면해 주었다. 또한 술탄이 지켜보는 앞에서 상인과 제조업자들의 동업 조합원들이 대표 상품을 들

그림 3-3 「축제의 책」, 1582년.

고 행진하는 행사를 정기적으로 열었다. 동업 조합은 기술을 표준화하고 공급량을 조절하는 역할도 했지만, 장거리 무역업에 따르는 위험을 구성원들에게 분산하는 보험 역할도 담당했다.

『축제의 책Surname-i Vehbi』(오스만 제국의 축제 풍경을 화려한 색채의 세밀화로 묘사한 책. 여러 권이 전하지만 최초의 것은 1524년 왕가의 결혼식을 기념해 그린 것이었다)에 등장하는 그림 3-3은 이런 행사의 한 예를 보여 준다. 이스탄불에 있는 대형 경기장을 묘사하는 이 그림 위쪽 왼편에는 오스만 제국의 술탄이 앉아 있고, 오른편으로는 많은 관객들이 3층 공간을 가득 채우고 있다. 행진을 하는 사람들은 방직업자 동업 조합의 일원들이다. 이들은 화려한 문양의 상징물과 직물을 들고 행진하면서 술탄과 관객들에게 생산품을 과시하고 있다. 이러한 적극적 국가 정책에 힘입어 이슬람 상인들은 국제적 경쟁력을 키워 나갈 수 있었다.

이슬람 상인들이 거래한 품목에는 현대인들이 받아들이기 힘든 것들도 있었다. 대표적인 것이 노예였다. 이슬람 상인들은 아프리카 출신의 노예들을 남유럽과 서아시아, 그리고 인도양 도서 지역에까지 팔았다. 노예들은 주로 귀족 등 부잣집으로 팔려가 가내노동에 종사했다. 역사적 추계에 따르면 650년 이후 이슬람 상인들 손에 노예로 팔려간 아프리카인의 수가 약 1천만 명에 달한다고 한다. 1500년까지 송출된 아프리카 노예를 보면, 약 3분의 2가 사하라 사막을 넘어 북아프리카로 보내졌고, 나머지 3분의 1이 아시아로 보내졌다. 하지만 아프리카인들만 노예가 된 것은 아니었다. 예를 들어 8~9세기에 이슬람 상인들은 많은 유럽인들을 노예로 삼았고, 이후에도 적지 않은 수의 노예를 아프리카 이외의 지역에서 공급했다.

이슬람 세계의 경제적 위상을 단적으로 보여 주는 사례가 1324년에 있었다. 아프리카의 사하라 이북 지역은 10~12세기에 대부분 이슬람교로 개종했다. 이 종교적 통일은 이슬람 경제권의 확대를 의미하기도 했다. 13세기에 북아프리카의 중심국으로 등장한 말리 제국은 14세기에 세계 최대의 금 생산국이었다. 말리 제국은 이슬람권 전역에 금을

그림 3-4 아브라함 크레스크, 『카탈루냐 지도첩』, 1375년.

공급하는 국가로 명성을 떨쳤다. 1324년 독실한 무슬림이었던 만사(황제) 무사는 메카로 성지순례를 떠났다. 당시 기록에 따르면, 그의 순례 행렬에는 1만2천 명에 이르는 노예가 포함되어 20톤 이상의 금덩이를 수송했으며, 이와 별도로 80마리의 낙타가 수 톤에 이르는 사금을 날랐다고 한다. 당대 세계 최고의 부자였을 만사 무사는 순례 길에 거친 카이로와 메디나에서 빈민들에게 금을 나눠 주었고, 그곳 상인들에게 각종 물품을 비싼 값에 구입했다. 그 결과 이 도시들에서는 물가가 갑자기 급등하는 현상이 발생했다. 한 개인이 대도시에 인플레이션을 유발했다는 점에서 역사적으로 유례를 찾기 힘든 대사건이었다. 이 사건이 얼마나 인상적이었던지 50년이 지난 14세기 후반 아브라함 크레스크Abraham Cresque가 제작한 스페인 카탈루냐의 지도첩(그림 3-4)에까지 그 내용이 등장했다. 황금으로 치장하고 황금넝이를 손에 든 채 왕좌에 앉아 있는 만사 무사의 모습이 낙타를 탄 아랍 상인의 소박한 모습과 대조를 이룬다.

이슬람 세계의 힘이 무슬림의 상업적 수완으로만 이루어진 것은 아니었다. 과학기술을 포함한 다양한 학문에서도 이슬람 세계는 눈부신 성취를 이루었다. 우선 대표적인 발명가 알-자자리al-Jazari의 『천재적 기계장치 지식에 관한 책』을 보자. 1206년에 저술한 이 책에는 100가지가 넘는 기발한 기계장치들이 소개되어 있다. 여기에는 축과 기어와 실린더 등을 다양한 방식으로 이용한 발명품들이 등장하는데, 그림 3-5에 그려진 코끼리 시계도 그 가운데 하나다. 작동원리는 이렇다. 코끼리 모형의 머리 부분에 양동이가 있고, 그 안에 물이 가득 차는 데 30분이 걸리는 용기가 들어 있다. 물이 가득 차면 용기에 연결된 줄이 당겨져 탑 상단에 있는 상자에서 공이 용 모형의 입으로 떨어져 용을 기울게 하고, 그 힘으로 용기가 양동이 밖으로 밀려나가게 된다. 이와 동시에 줄로 연결된 장치가 작동하여 꼭대기의 불사조 모형이 오늘날의 뻐꾸기시계처럼 소리를 내고, 코끼리를 조종하는 사람 형상의 로봇이

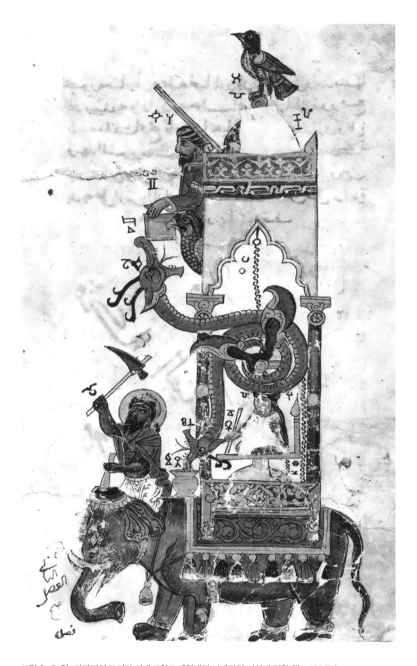

그림 3-5 알-자자리의 코끼리 시계 모형도, 『천재적 기계장치 지식에 관한 책』, 1206년.

심벌즈를 때려 소리를 낸다. 물을 이용한 일종의 자동시계인 것이다. 이 발명품이 다양한 문화적 요소들을 포함하고 있었다는 점도 흥미롭다. 코끼리는 인도와 아프리카를 연상시키고, 용은 중국을, 불사조는 고대 이집트를, 그리고 수력 장치는 고대 그리스를 연상시킨다. 발명가가 의도했는지는 모르지만 이 발명품은 이슬람 세계의 다문화적 융합이라는 특성을 잘 보여 준다.

천문학의 발달도 두드러졌다. 1574년에 타키 알-딘Taki al-Din이 건설한 이스탄불의 천문대에서는 학자들이 모여 다양한 측량 기구를 개발하고 역법을 발달시켰다. 다른 과학적 수준도 높았다. 특히 실험에 기초한 화학 지식이 발달하여 알칼리, 알코올, 알케미(연금술) 등의 용어를 탄생시켰고, 알고리즘, 알지브러(대수학) 등의 용어에서도 이슬람 학자들이 이룬 뛰어난 업적을 짐작할 수 있다. 의학도 이슬람 세계가 자랑하는 학문 분야였다. 이 분야에서 가장 유명한 인물은 11세기에 활약한 이븐 시나Ibn Sina였다. 그가 아랍 의학을 집대성해 저술한 『의학정전』은 라틴어로 번역되어 중세 유럽의 대학에서 핵심 교재로 사용했다.

이슬람 세계는 고대 그리스의 지식을 널리 수용하고 발전시키면서 세계사에 특별한 영향을 끼쳤다. 9세기에 수도 바그다드에 세워진 '지혜의 집Bayt-al-Hikam'에서는 이슬람 학자들이 고대 그리스의 수많은 저작을 번역하고 연구했다. 이렇게 번역된 저작들은 이슬람 세계 곳곳에 위치한 도서관들로 보내졌는데, 이것이 이베리아 반도에서 일어난 기독교 재정복운동 과정에서 서유럽 기독교 세계로 전해졌다. 또한 15세기에 비잔틴제국이 멸망한 후에는 그곳의 학자들이 이슬람 세계로 이주해 와서 학문을 계승하고 전파하는 역할을 했다. 유럽의 부흥을 낳은 르네상스의 학문적 초석은 이렇게 예상하지 못했던 과정을 통해 마련되었다. 기독교 유럽인들이 중세 내내 주적으로 간주했던 이슬람 세계가 훗날 유럽이 번영할 토대를 닦아 주었다는 사실은 역사의 아이러니다. 역사를 돌아보면 100퍼센트 악惡이나 100퍼센트 선善은 찾아보기 어렵다. 어떤 문화권, 어떤 경제권이든 간에 나름의 장단점을 지니기 마련이다. 이슬람을 통한 서유럽으로의 지식 전파는 대결 구도 중심의 근시안적인 관점을 버리고 장기적이고 포용적인 시각을 가져야만 세계화의 긍정적 효과를 궁극적으로 누릴 수 있음을 잘 보여 준다.

04

무엇이 그들을 끔찍한 죽음으로 몰아넣었나?

**팍스 몽골리카 시대,
동서 무역이
질병을 세계화하다**

그림 4-1

「죽음의 승리」, 1446년경.

마치 엑스선으로 투시한 것 같은 형상의 말이 질주하고 있다. 말 등에는 큰 낫을 옆에 찬 해골이 올라타 있다. 말발굽 아래에는 많은 사람들이 화살에 맞아 쓰러져 있다. 어떤 장면을 그린 것일까? 희생자 중에 기독교 성직자가 많은 것을 보면 이교도의 공격을 묘사하는 것 같기도 하고, 귀부인이 많은 것을 보면 하층민의 반란을 묘사하는 것 같기도 하다. **수수께끼처럼 보이는 이 그림은 과연 어떤 역사적 사실을 배경으로 하는 것일까?**

예상과는 달리, 그림 4-1은 이교도의 공격이나 하층민의 반란과는 거리가 멀다. 그렇다면 이들은 왜 죽었을까? 해답의 단서는 그림 4-2에 있다. 흰 천에 싸인 시신들이 묘지로 옮겨지고 오른쪽에는 장례의식이 거행되고 있다. 역병의 희생자들이다. 시신을 운반하던 인부가 갑자기 바닥에 쓰러진다. 희생자가 한 명 더 늘어나는 현장이다. 흥미로운 것은 하늘에서 펼쳐지는 종교적 이야기다. 하늘 왼편에는 온몸에 화살이 꽂힌 사내가 하느님 앞에 무릎을 꿇고 죽은 자들을 위해 간절한

그림 4-2 조스 리페랭스, 「역병 희생자를 위해 간절히 기도하는 성 세바스티아누스」, 1497~99년.

기도를 올리고 있다. 이 사내는 누구일까?

화살이 온몸에 꽂힌 이는 성 세바스티아누스St. Sebastianus다. 그는 로마시대의 장교였다. 300년경 황제 디오클레티아누스의 경호를 담당할 만큼 신임을 받았는데, 은밀하게 기독교로 개종하고 기독교인을 도왔다는 이유로 화살을 맞는 형벌에 처해졌다. 그런데 그는 여러 대의 화살에 맞고도 죽지 않아 사람들을 깜짝 놀라게 했다고 전한다. 15세기 프랑스 화가인 조스 리페랭스Josse Lieferinxe, ?~1505 또는 1508가 그린 이 그림은 7세기에 이탈리아의 파비아에서 발생한 역병을 주제로 삼고 있다. 역병이 한창일 때 너무나 많은 사람들이 병마에 희생되어 묘지가 부족할 지경이었다고 기록은 전한다. 화가 리페랭스는 이탈리아에 한 번도 가본 적이 없었던 탓에 프랑스 남부 아비뇽의 풍경을 참조하여 그림을 그렸다고 한다.

성 세바스티아누스가 이 그림에 등장하는 이유는 무엇일까? 바이러스나 박테리아에 대한 개념이 없던 시절에 역병이 왜 발생했는지에 대한 사람들의 인식은 오늘날과는 크게 달랐다. 행성들이 특별한 구도로 배열되었다거나, 지진으로 지하의 사악한 기운이 지상으로 퍼졌다거나, 신앙심을 잃은 인간에 신이 노여워한 탓이라는 해석이 주를 이루었다. 기독교인들은 역병에서 자신들을 지켜줄 성인이 필요했다. 그런데 역병은 마치 하늘에서 빗발치는 화살과 같아서 어떤 이는 치명상을 입고, 어떤 이는 운 좋게 피하기도 하며, 또 어떤 이는 화살에 맞고도 죽지 않고 회복하기도 한다. 이런 유사성에 착안하여 여러 발의 화살을 맞고도 살

그림 4-3
안드레아 만테냐,
「성 세바스티아누스」,
1450년대 후반.

아남았다는 성 세바스티아누스가 역병의 수호성인으로 떠오르게 되었다. 신자들은 그에게 기도함으로써 병마를 피할 수 있기를 기원한 것이다. 그림 4-1에 묘사된 희생자들을 죽음으로 몰고 간 것은 화살이 아니라 역병이었다. 이 그림은 부자도 성직자도 역병 앞에서 무력하기는 마찬가지였음을 우리에게 전해 준다.

역병은 오랜 세월 동안 인류를 따라다니며 괴롭힌 재난이었다. 그중에서도 가장 대표적인 역병이 1340년대에 유럽을 휩쓴 흑사병黑死病이었다. 이 무자비한 질병으로 유럽 인구의 약 3분의 1이 목숨을 잃었다. 흑사병이 창궐한 이후 많은 화가들이 성 세바스티아누스의 그림을 그렸다. 그중 하나인 안드레아 만테냐Andrea Mantegna, c.1431~1506의 1450년대 작품(그림 4-3)을 보자. 이 그림에는 로마식 아치 구조물의 기둥에 묶인 채 온몸에 화살을 맞고 고통스러운 표정을 짓고 있는 성 세바스티아누스의 모습이 섬세한 붓놀림으로 묘사되어 있다.

흑사병은 1347년 흑해의 무역항 카파에서 창궐하기 시작했다. 당시 카파는 지중해 무역으로 번영을 누리던 이탈리아의 상업도시 제노바의 무역 기지였으며, 제노바는 동양에서 수입하는 향신료와 직물 등을 유럽 전역에 판매하여 큰 이익을 거두고 있었다. 당시 제노바는 베네치아와 더불어 이탈리아 전성시대를 이끄는 양대 축이었다.

1347년 킵차크한국(몽골 제국의 사한국의 하나. 1243년에 칭기즈 칸의 아들 주치와 손자 바투가 서시베리아의 키르기스 초원과 남러시아에 세운 나라. 14세기 전반 최성기를 누리다가 1502년에 모스크바 대공국에 멸망함)

의 자니베크 칸이 이끄는 몽골군은 제노바인들이 방어하던 카파를 포위하고 공격 명령만을 기다리고 있었다. 이때 몽골군 진영에서 역병이 발생했다. 전투가 불가능하다고 판단한 자니베크 칸은 시신을 투석기에 얹어 성내로 던져 넣고는 철군했다. 생물학전戰의 원조인 셈이었다. 투석기로 날아온 시신을 통해 감염된 제노바인들이 감염 사실을 모른 채 배를 타고 시칠리아 및 지중해 연안으로 상륙하면서 흑사병이 유럽에 대유행하기 시작했다. 역병은 엄청난 속도로 확산되었다. 불과 5년 만에 유럽 대부분의 지역에서 병마가 맹위를 떨쳤다.

흑사병의 정체는 19세기 말에야 밝혀졌다. 예르시니아 페스티스 yersinia pestis라는 박테리아가 검은 쥐와 같은 설치류에 서식하는 벼룩을 통해 인간에게 감염됨으로써 발병한다. 이렇듯 벼룩이 문 상처를 통해 림프절에 병변을 만드는 '선腺페스트'와 달리 사람의 호흡을 통해 감염되는 변종인 '폐肺페스트'도 있었다는 주장도 있다. 흑사병의 전파 속도가 무척 빨랐다는 점, 그리고 쥐가 거의 서식하지 않는 아이슬란드와 같은 지역에서도 발병했다는 점이 이런 주장을 뒷받침했다.

흑사병은 세상을 발칵 뒤집어놓았다. 가족과 이웃이 순식간에 질병에 희생되는 참혹한 광경 앞에서 사람들의 반응은 천태만상이었다. 어떤 이는 감염의 위험을 무릅쓰고 헌신적으로 환자를 돌본 반면에, 어떤 이는 겁에 질려 부모 자식까지 버리고 도망을 갔다. 어떤 이는 신께 간절한 기도를 올렸으며, 어떤 이는 순간적 쾌락에 탐닉했다. 흑사병이 신이 분노한 결과라고 여기고는 예수를 못 박은 유대인들을 학살하는 사태도

그림 4-4 「네덜란드의 채찍질 고행 행렬」, 1349년.

발생했다. 대문과 창문을 꼭꼭 닫고 들어앉아 있으면 나쁜 기운이 집 안으로 들어오지 못할 것이라고 생각한 사람도 있었고, 향이 강한 허브를 태우면 효과가 있다고 믿은 사람도 있었다.

전례 없는 대재앙 속에서 종교도 극단화된 모습을 띠었다. 특히 '채찍질 고행Flagellation'이 크게 유행했다. 원래 채찍은 오래전부터 일부 금욕적 교단에서 참회의 수단으로 사용되어 왔다. 채찍질 고행은 이를 여러 지역을 순회하며 행하는 공공집회의 형태로 만든 것이었다. 이 고행은 흑사병 이전에도 이탈리아를 중심으로 존재했지만, 흑사병을 계기로 다시금 세간의 주목을 받았다. 더욱이 이번에는 남유럽뿐 아니라 북유럽과 중부 유럽에서도 폭발적인 전파력을 보였다. 독일과 네덜란드에서 이름을 떨친 채찍질 고행단인 '십자가형제단Brothers of the Cross'의 의례에 따르면, 이들은 예수의 생애 1년을 하루로 계산하여 33일 반 동안 매일 다른 지역으로 옮겨 가면서 하루에 두 번씩 땅바닥에 꿇어앉아 자신이 지은 죄를 참회하고 피를 흘릴 때까지 채찍질을 하는 의식을 치렀다. 그림 4-4에 네덜란드의 채찍질 고행 행렬의 일부가 묘사되어 있다. 손에 든 채찍으로 스스로를 때리며 행진하는 광경이다. 채찍질 고행이 걷잡을 수 없이 확산되자 교황은 이를 금지하는 명령을 내렸고, 그래도 광풍이 계속되자 채찍질 고행이 이단과 연계되었다고 선언하기에 이르렀다.

당시 의학은 흑사병을 극복하는 데 얼마나 도움이 되었을까? 오늘날 기대할 수 있는 수준과는 거리가 한참 멀었다. 유럽 최고 권위의 의학 기관이었던 파리의과대학에서는 물병자리에서 토성, 목성, 화성이 교차한 것이 흑사병의 근본적 원인이고, 행성 교차 시에 오염된 증기가 바람에 실려 퍼진 것이 흑사병의 직접적 원인이라고 발표했다. 한편 의사들은 환자에게 감염되지 않기 위해 독특한 복장을 고안했다. 그림 4-5가 이를 보여 준다. 새 부리 모양의 마스크와 발목까지 덮는 긴 가운, 그리고 모자와 장갑으로 온몸을 감싸는 형태의 의복이었다. 마스크의 부리 부분에는 향료나 식초 묻힌 헝겊을 넣어 사악한 기운이 전파되는 것을 막고자 했고, 눈 부분에는 유리알을 박아 혹시 모를 접촉에 대비했다. 훗날 파티복의 형태로 남게 되는 이 괴상한 복장은 바로 흑사병에 대한 당

그림 4-5 역병에 대비한 의사의 복장.

시의 의학 수준을 보여 주는 역사적 증거물이다.

오늘날 의학의 역사를 연구하는 학자들은 원래 흑사병이 중앙아시아의 토착 질병이었다고 파악한다. 그런데 중세에 유라시아 동서 교역이 활성화되면서 사람, 가축, 물자의 이동이 빈번해짐에 따라 설치류의 서식 범위도 통상로를 따라 확대되었다. 이것이 흑사병이 범유행성 질병으로 재탄생한 배경이었다. 달리 말하면, 흑사병은 세계화가 낳은 예기치 못한 부산물이었다.

당시 세계화가 진전된 데는 칭기즈 칸이 세운 몽골제국의 기여가 컸다. 한반도에서 흑해에 이르는 대제국을 건설한 몽골은 개방적 대외정책을 실시했고, 역참 제도 등 무역진흥에 유리한 인프라를 구축했다. 베네치아 출신의 상인 마르코 폴로와 모로코 출신의 무슬림 여행자 이븐 바투타가 공통적으로 증언했듯이, 몽골제국은 사람과 상품이 이동하기에 최적의 제도를 갖추고 있었다. 몽골제국이 정한 제도와 질서와 관습이 광범위한 영향을 끼친 '팍스 몽골리카Pax Mongolica' 시대의 진면목은 바로 이런 세계화의 급속한 진전에 있었다.

동서 교역의 확대가 토착 질병을 세계적 질병으로 변모시켰다면, 흑사병이 유럽에서만 창궐했다고 보기 어렵지 않을까? 최근의 연구는 흑사병이 유라시아 전역에 걸쳐 발생했음을 보여 준다. 1330~50년대 사이에 중국에서도 흑사병이 대규모로 창궐했으며, 인도와 서아시아의 무역항들과 이슬람 성지인 메카에서도 흑사병으로 많은 인구가 목숨을 잃었다.

흑사병 이후 세계는 중대한 변화를 경험하게 되었다. 서유럽에서는 봉건 영주와 교회의 지배력에 큰 균열이 발생했다. 농노들이 저항 끝에 신분제의 굴레에서 벗어나기 시작했다. 대영주들의 지배력이 컸던 동유럽에서는 이와 반대로 강력한 억압 정책의 결과로 농노제가 오히려 강화되었다. 서유럽이 선진 지역으로, 그리고 동유럽이 후진 지역으로 재편되는 과정이었다. 한편 동아시아에서는 세계화의 중심축이었던 원 제국이 쇠퇴함에 따라 유라시아 동서 교역도 위축되었다. 세계화의 부산물인 흑사병이 결국 세계화를 축소시키는 결과를 낳았다는 사실은 역사의 아이러니가 아닐 수 없다.

05

허풍쟁이의
베스트셀러 탄생기

마르코 폴로의
중국 여행기,
미래 탐험가들을
키우다

중세 서양식 복장의 두 어른과 한 청년이 예를 갖추고서 왕좌에 앉아 있는 군주에게 문서를 전달하고 있다. 왕좌는 화려한 직물로 덮여 있고, 그 옆에 시중을 드는 인물이 서 있다. 벽면 장식은 세밀하고 바닥 무늬는 선명하다. 그림 속의 인물들은 누구이며 배경을 이루는 장소는 어디일까? **그리고 이 그림에서 역사적 사실과 맞지 않는 부분은 무엇일까?**

왕좌에 앉아 있는 인물은 얼핏 서양인처럼 보이지만 실은 중국 원나라의 세조이자 칭기즈 칸의 손자인 쿠빌라이 칸을 묘사한 것이다. 그가 1275년 베이징 부근의 상두上都라는 도시에 위치한 여름궁전에 머물 때였다. 이탈리아 베네치아 출신의 상인 가족이 그를 알현하러 왔다. 니콜로 폴로와 마페오 폴로 형제, 그리고 이들 손에 이끌려온 니콜로의 젊은 아들 마르코 폴로였다. 쿠빌라이 칸의 모습이 서양인처럼 묘사된 이유는 어렵지 않게 이해할 수 있다. 15세기에 이 미니어처를 그린 프

그림 5-2 쿠빌라이 칸이 머무는 곳을 유목민 텐트로 묘사한 장면, 『동방견문록』 삽화, 1410~12년.

랑스 화가가 몽골 황제에 대해 별로 지식이 없었을 테니까.

더 중요한 '역사적 오류'는 따로 있다. 그것은 바로 배경에 그려진 두 척의 서양식 선박이다. 상두는 바다에서 멀리 떨어진 내륙에 위치했으므로 궁전에서 배가 보였을 리 없다. 이것도 화가의 무지 탓일까? 마르코 폴로 일행이 고비사막을 넘어 육로로 상두에 이르렀다는 점에 비추어 보자면 그림은 분명 역사적 사실과 맞지 않는다. 그러나 당시 그림은 오늘날의 스냅사진과는 다른 역할을 했다. 스냅사진이 특정 시점에서 한 공간의 모습을 포착하는 것이라면, 과거의 그림에는 다른 시간대의 장면을 동시에 집약해 보여 주는 경우가 많다. 마르코 폴로 일행이 멀리

비주얼 경제사

그림 5-3 마르코 폴로의 아버지와 삼촌이 1266년에 쿠빌라이 칸을 만나는 장면, 15세기.

유럽에서 지중해를 건너 왔다는 이야기를 화가가 그림에 의도적으로 담으려 한 게 아닐까? 그러고 보니 멀리 언덕 위의 건물도 유럽의 성채와 비슷해 보인다. 이러한 오류는 그림 5-2에서도 눈에 띈다. 당시 칭기즈 칸의 후예들은 유목생활을 하지 않은 지 오래되었는데도 이 그림의 삽화가는 유목식 텐트가 있는 가상의 풍경을 배경으로 삼았다. 여기에는 아시아 문화에 대해 유럽인들이 가졌던 고정관념이 작용했을 것이다.

그림 5-3은 마르코 폴로 가족의 중국 방문을 묘사한 대표적인 그림으로 손꼽힌다. 여러 역사책에서 이 그림은 마르코 폴로와 동행자가 쿠빌라이 칸을 알현하는 모습을 묘사한다고 설명되어 있다. 하지만 이

는 잘못된 설명이다. 마르코 폴로의 아버지와 삼촌이 처음으로 쿠빌라이 칸을 만난 것은 1266년인데, 이때 마르코 폴로는 열두 살짜리 아이로서 베네치아에서 살고 있었다. 마르코 폴로는 열다섯 살이 되던 1269년에야 고향에 돌아온 아버지와 삼촌을 처음으로 만났다. 그로부터 2년 후인 1271년에 세 사람은 다시 몽골제국으로의 장거리 여정을 시작했고, 그림 5-1이 묘사하는 장면은 이로부터 4년 뒤인 1275년에야 일어났다. 세 여행자는 중국에서 총 24년의 시간을 보낸 후 1295년에 고향인 베네치아로 돌아왔다. 무려 2만4천 킬로미터에 이르는 이들의 여정은 우리에게 『동방견문록』이라는 이름으로 알려진 책에 실리게 된다.

그림 5-3에서 쿠빌라이 칸이 신하를 통해 상인 일행에게 하사하고 있는 금색 물건이 눈에 띈다. 이것은 패자牌子라고 불리는 것으로 일종의 특별 여권이었다. 이걸 지닌 몽골 관리는 국경 내의 모든 지역을 무사히 통과할 수 있을 뿐만 아니라, 필요한 물품이나 용역을 지역주민들에게 요구할 수 있었다. 쿠빌라이 칸이 패자를 유럽에서 온 상인에게 주었다는 사실은 황제가 이들에게 무척이나 호의적이었음을 보여준다.

1271년 마르코 폴로를 데리고 그의 아버지와 삼촌이 중국으로 향할 때 교황에 갓 취임한 그레고리우스 10세는 이들을 접견해 칸에게 보내는 선물과 문서를 전달했다. 서유럽의 종교지도자는 동아시아의 통치자의 존재를 알고 있었고, 서로 우호적 관계를 맺고 싶었던 것이다. 그리고 나서 교황은 도미니크회 수사 둘에게 이들과 동행하도록 명했다. 그러나 전쟁으로 치안이 불안한 지역에 이르자 수사들은 겁을 먹고 여정을

그림 5-4 도미니크회 수사들과 헤어지는 폴로 일행, 15세기 프랑스 작품.

포기했다. 그림 5-4가 이 장면을 묘사하고 있다. 수사들이 폴로 일행에게 선물과 문서를 넘겨주는 광경이다. 역사에서 종교적 동기가 세계화를 이끈 동력으로 작용한 사례가 많지만, 이 경우에는 상업적 동기가 그보다 더 강력했다고 볼 수 있다.

마르코 폴로를 유명하게 만든 『동방견문록』은 어떤 과정을 통해 집필되었을까? 13세기는 지중해 무역을 둘러싸고 이탈리아의 도시국가들이 치열하게 다투던 시기였다. 특히 베네치아, 제노바, 피사는 지중해의 해상권을 장악하기 위해 군사적으로 자주 충돌했다. 마르코 폴로는 베네치아로 귀환한 이듬해에 갤리선을 이끌고 제노바의 함대와 전투를 벌이다가 포로로 잡히는 신세가 되었다. 그는 제노바에서 1년 가까이 옥살이를 했는데, 지루한 시간을 때우기 위해 동료 죄수들에게 자신의 아시아 여행담을 들려주곤 했다. 흥미진진한 이야기는 곧 사람들의 귀를 사로잡았다. 낯선 문화와 제도, 그리고 이탈리아 도시들과는 비교가 되지 않는 규모의 중국 도시들에 대한 이야기인 데다가 그가 워낙 허풍과 과장에 능했기 때문이기도 했다. 이를 테면, 중국에는 수백 만 명의 인구가 세금을 내는 도시가 수백 만 개나 있고, 기마병과 선박의 수도 수백 만이나 된다는 식이었다. 마르코 폴로에게는 곧 '백만이Il Milione'라는 별명이 붙었다. 이런 허풍과 과장은 이야기의 신빙성을 떨어뜨리기도 했지만, 그보다는 듣는 이에게 재미를 배가시키는 효과가 더 컸다. 마르코 폴로는 곧 탁월한 이야기꾼으로 유명해졌고, 피사 출신으로 함께 수감 중이던 죄수 루스티켈로는 그의 모험담을 받아 적어서 출간하면 큰 인기를 모을 수 있으리라고 확신했다. 이런 과정을 통해 『동방견문록』이 탄생했다.

루스티켈로가 처음에 프랑스어로 출간한 『동방견문록』은 곧 세간의 주목을 받기 시작했다. 그에 따라 다양한 언어로 책이 번역되었고 수많은 각색이 이루어졌다. 책 제목도 『세계의 이야기』, 『경이의 책』, 『대칸의 로망스』, 심지어 『백만이』까지 다양했다. 유럽에서 인쇄술이 전파되기 이전에 제작된 필사본만 해도 엄청나서, 오늘날까지 남아 있는 판본 수가 무려 150권에 이른다. 인쇄술이 보급된 이후 출판이 더욱 크게 늘었다는 점은 두말할 나위가 없다. 마르코 폴로의 여행기는 당대의 베

그림 5-5 몽골의 역참제도를 묘사한 그림, 15세기.

스트셀러였다.

마르코 폴로의 여행기에는 상두와 베이징은 물론이고 그가 거쳐 간 수많은 지역들, 예를 들어 산시陝西, 쓰촨四川, 윈난雲南, 허베이河北, 산둥山東 등이 등장한다. 유럽에서 중국으로 오가면서 거쳐 간 중앙아시아와 서아시아, 동남아시아의 여러 지역들에 대해서도 기록되어 있다. 이 여행기는 각 지역의 독특한 외양, 다양한 생활 방식과 기이한 풍습을 풍부하게 수록하고 있다. 마르코 폴로가 인상적으로 기록한 중국의 제도 가운데 하나가 역참제도(그림 5-5)였다. 그의 서술에 따르면, 수도에서 지방으로 이어진 도로를 따라 약 40킬로미터마다 역참이 설치되어 있어서

칸의 전령이 말을 갈아타게 했다. 제국 전체로 보면 역참이 1만 곳 이상이고 준비된 말이 20만 필을 넘었다고 했다. '불타는 돌', 즉 석탄이 연료로 사용되었다거나 지폐가 통용되었다는 사실도 책에 등장한다.

『동방견문록』에 대한 역사적 평가는 다양하다. 논의의 시발점은 애당초 마르코 폴로와 루스티켈로 중 어느 누구도 이 책을 중국에 대한 엄밀하고 정확한 기록으로서 기획하지 않았다는 점에 있었다. 책에 묘사된 내용 중에는 역사적 사실과 부합하지 않는 내용이 많으며, 저자 특유의 과장이 곳곳에서 등장한다. 그래서 어떤 역사가들은 마르코 폴로가 실제로 중국에 가지 않고 이슬람 상인 등에게 전해들은 여러 이야기를 짜깁기했을 것이라고 추측하기도 했다. 하지만 실제로 가 보지 않고서는 상상하여 맞추기 어려운 내용이 자세하게 포함되어 있다는 점을 생각하면 그가 중국을 방문한 것은 분명하다는 반론이 더 설득력이 있어 보인다.

『동방견문록』이 얼마나 사실에 부합하는가라는 문제와 별도로 주목해야 할 점이 있다. 그것은 이 책이 수많은 독자들에게 호기심과 모험심을 불러일으켰다는 점이다. 중국이라는 낯선 땅, 유럽의 소국들과는 비교가 되지 않는 인구와 자원과 기술과 문화를 보유한 곳으로 묘사된 미지의 세상에 대해 잠재적 탐험가들은 상상의 나래를 한껏 펴면서 미래를 꿈꾸었다. 그곳으로 통하는 길을 찾아 교류와 교역으로 연결하면 엄청난 부를 얻을 수 있으리라는 욕망이 이들의 마음을 부풀게 했다.

그림 5-6은 1480년대에 발간된 라틴어판 『동방견문록』이다. 이 책

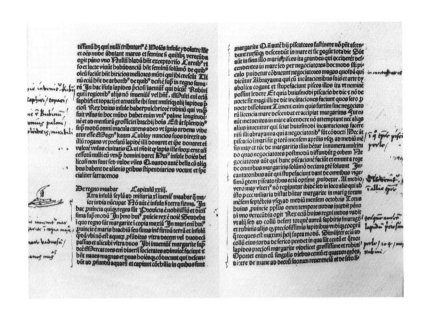

그림 5-6   콜럼버스가 읽고 여백에 메모를 기록한 라틴어판 『동방견문록』, 1480년대.

의 여백에는 책을 읽은 이가 남겨 놓은 메모가 빼곡하게 적혀 있다. 책을 꼼꼼히 읽고 많은 생각을 했음을 알 수 있다. 메모를 남긴 독자는 바로 콜럼버스였다. 훗날 스페인 국왕을 설득해 탐험대를 구성하고 아시아로 가는 새 항로를 개척하기 위해 남들과 달리 서쪽으로 방향을 잡았던 모험가, 그리고 탐험의 결과로 '구세계'와 '신세계'를 하나의 경제권으로 묶는 세계사적 변화를 탄생시켰던 위대한 탐험가 콜럼버스. 그는 2세기 전에 허풍쟁이 '백만이'가 쓴 과장 가득한 여행기를 읽으며 세상을 바꿀 꿈을 키웠던 것이다.

06

콘스탄티노플의 철옹성은 어떻게 무너졌나?

비잔틴제국의 최후 전투, 세계 경제를 뒤흔들다

그림 6-1
●
베르트랑동 드 라 브로키에르,
『해외여행기』에 수록된 삽화,
1455년.

1453년 콘스탄티노플(지금의 이스탄불)을 공격하기 위한 준비가 한창이다. 4세기에 로마제국의 콘스탄티누스 대제가 새 수도로 삼은 콘스탄티노플은 서로마가 멸망한 이후에도 비잔틴제국(동로마제국)의 중심 도시로 오랜 번영을 누렸다. 그림에서 삼각형의 회색 성곽으로 둘러싸인 이 기독교(동방정교) 천년 고도가 오스만제국의 술탄 메흐메트 2세가 이끄는 이슬람 군대에 포위되어 있다. 육지 쪽으로는 오스만 육군이, 그리고 바다 쪽으로는 해군이 둘러싸고 있다. 곧 있을 전투가 세계경제를 뿌리째 뒤흔들게 되리란 사실을 어느 측도 알지 못하고 있었다. **이 그림에서 오스만 군대를 승전으로 이끈 비결을 찾을 수 있을까?**

오스만제국의 술탄 메흐메트 2세1432~81는 '정복자'라고도 불린다. 그는 스스로를 알렉산더나 카이사르를 뛰어넘는 인물이라고 여겼다. 이런 자부심은 그가 이룬 세계사적 업적에 기초한다. 21세의 젊은 나이에 대군을 이끌고 콘스탄티노플을 함락시킴으로써 역사의 새 장을 열었기 때문이다. 비잔틴제국의 수도이자 기독교 세계의 중심축, 또한 아시아와 유럽을 연결하는 경제 중심지였던 콘스탄티노플이 그의 손에 이슬람 세계의 일부가 된 것이다.

그림 6-1을 그린 화가는 프랑스 부르고뉴 출신의 베르트랑동 드라 브로키에르Bertrandon de la Broquière, c.1400~59라는 인물이고, 제작 연도는 역사적 전투가 끝난 지 불과 2년 뒤인 1455년이다. 화가는 부르고뉴 공작인 필리프 선량공Phillippe le Bon에게 총애를 받던 향사(하급 귀족)였다(필리프는 백년전쟁에서 영국군과 동맹을 맺고 잔 다르크를 사로잡아 영국군에 넘긴 인물이다). 베르트랑동은 1432~33년 중동으로 성지 순례를 떠나 기독교 도시 및 이슬람 도시들을 방문하고, 술탄에서 상인에 이르기까지 다양한 사람들을 만나고 돌아왔다. 그는 콘스탄티노플이 오스만제국의 손에 넘어간 직후 필리프의 요청에 따라 자신의 경험을『해외여행기Le Voyage d'Outre-mer』라는 제목으로 출간했다. 저술의 목적은 이슬람 세력의 손에 넘어간 콘스탄티노플을 되찾기 위해 새로이 십자군운동을 기획하는 데 있었다. 이런 까닭에 베르트랑동은 역사책에서 스파이로 묘사되기도 한다. 그런 설명을 입증하기라도 하듯 그의 그림에는 오스만제국의 군사 전략이 공들여 묘사돼 있다.

콘스탄티노플을 외부에서 군사적으로 공략하기 힘들었던 데는 두 가지 요인이 있었다. 하나는 도시를 둘러싼 견고한 성곽이었다. 4세기 테오도시우스 황제가 건설한 이 성곽은 1204년 십자군에게 한 차례 함락이 되었을 뿐, 10여 차례의 공성전攻城戰을 막아 천년 제국을 지켜 낸 막강한 방어막이었다. 비잔틴 군은 이 성벽을 더욱 보강해 놓고 이슬람 군대의 공격에 대비하고 있었다. 철통방어의 둘째 요인은 위쪽 보스포루스 해협에서 아래쪽으로 뻗은 긴 물길, 그림에서 왼편 성곽을 따라 내

그림 6-2 메흐메트 2세 군대의 초대형 대포,
「해외여행기」(부분)

려오는 '골든 혼Golden Horn'이라고 불리는 수로였다. 이 물길의 양 끝을 육중한 나무 구조물과 쇠사슬을 이용해 봉쇄해 놓으면 침략군은 이 도시를 사방에서 동시에 공격할 수 없었던 것이다.

이 방어체계를 메흐메트 2세의 군대는 어떻게 뚫을 수 있었을까? 그림을 자세히 들여다보자. 오스만 군대의 사령부가 위치한 아래쪽 금빛 막사 뒤로 포병들이 전투 준비를 하고 있다. 오른편으로 오스만 군대가 자랑하는 초대형 대포(그림 6-2)가 시선을 끈다. 성곽의 파괴는 이 대포가 맡았다. 메흐메트 2세는 헝가리 출신의 대포 기술자 오르반이라는 사람을 영입하여 포신이 8미터를 넘고 450킬로그램짜리 돌덩이를 1.5킬로미터 이상 날릴 수 있는 지상 최대의 대포를 제작했다. 이 포는 사용 중에 파열되고 말았지만, 오스만 군의 최신 대포들은 방어벽을 타격하기에 충분했다.

골든 혼의 방어막을 돌파하기 위해 메흐메트 2세는 더욱 획기적인 작전을 고안했다. 보스포루스 해협의 전함을 육지를 통해 골든 혼으로 끌어오는 방안이었다. 땅위로 2킬로미터에 가까운 목재 레일을 깔고, 그 위로 60~80척의 전함을 운반해 골든 혼으로 들여놓은 것이다. 그림을 자세히 보면 위편으로 육지에서 선박을 나르고 있는 병사들이 보인다. 베르트랑동이 군사 전략에 깊은 관심을 가지고 있었다는 점을 확인할 수 있다. 이 그림을 역사가들이 귀중한 자료로 여겨야 하는 이유가 여기에 있다.

그러나 이 그림에도 약점은 있다. 콘스탄티노플의 건축물들이 모두 서유럽에 많았던 고딕 양식으로 표현되어 있다는 점이다. 건축 양식을 사실적으로 보여 주는 것은 스파이 화가의 관심이 아니었나 보다.

오스만 군의 골든 혼 공략 전술은 20세기 초에 제작된 다른 작품에도 묘사되어 있다. 그림 6-3은 이탈리아 출신으로 오스만제국의 궁정화가로 활약했던 파우스토 조나로Fausto Zonaro, 1854~1929가 그린 작품이다. 술탄의 지시로 제작한 이 그림에서 메흐메트 2세가 선박 이동 작전을 지휘하고 있다.

총 57일에 걸친 공성전 끝에 메흐메트 2세의 군대는 성을 함락시키는 데 성공했다. 그의 군대는 오스만제국의 전통에 따라 3일간에 걸쳐 도시 전역에서 약탈을 벌였다. 그림 6-4는 마테우스 메리안 1세Matthäus Merian the Elder가 그린 「콘스탄티노플 정복」이라는 작품이다. 오스만 군대에 도륙당하는 시민들과 잿더미가 된 건물들이 당시 역사의 처참한 현

그림 6-3 파우스토 조나로, 「콘스탄티노플을 포위하고 있는 메흐메트 2세」, 1908년.

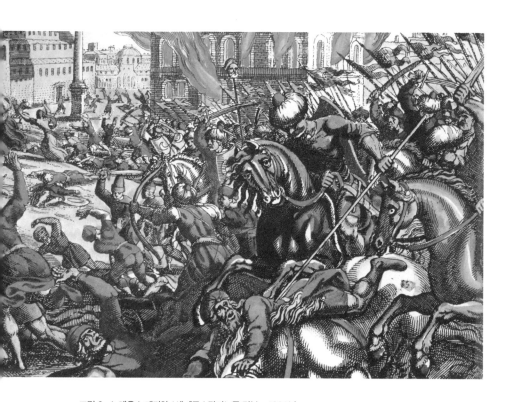

그림 6-4 테우스 메리안 1세, 「콘스탄티노플 정복」, 1630년.

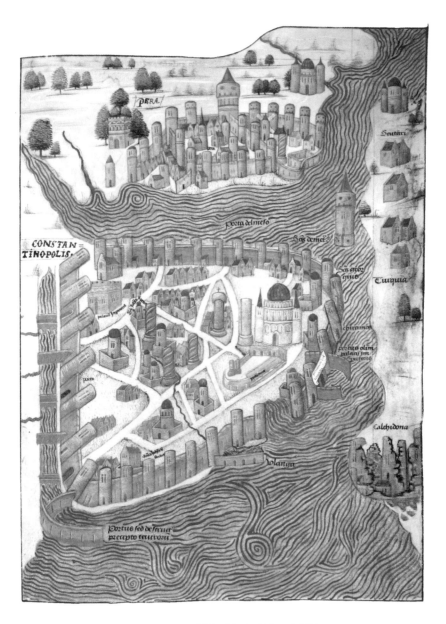

그림 6-5 크리스토포로 부온델몬티, 『군도에 관한 책』에 수록된 삽화, 1480년경.

장을 생생하게 보여 주고 있다.

　그러나 메흐메트 2세가 도시를 무한정 파괴하려 의도한 것은 결코
아니었다. 술탄은 3일째 되는 날 약탈을 끝낼 것을 선언했고, 곧바로 도
시 재건 작업에 돌입했다. 이 역사적 도시를 파괴하지 않고 오스만제국
의 새 수도로 삼고자 했기 때문이다. 술탄의 이러한 의지에 따라 콘스탄
티노플의 재건 작업은 착착 이루어졌다. 재건된 도시의 면모는 1480년
경의 그림을 통해 확인할 수 있다. 그림 6-5는 크리스토포로 부온델몬
티Christoforo Buondelmonti, 1386~c.1430가 그린 지도로, 그림 6-1을 시계방
향으로 90도 돌려놓은 형태이다. 그의 지도에서 콘스탄티노플은 온전한
상태로 묘사되어 있다. 또한 오른편에 위치한 동방정교의 대표 교회 아
야소피아Ayasofya ― 일명 하기아 소피아Hagia Sophia ― 도 별다른 손상이
없어 보인다.

　그러나 이 교회의 성격과 내부 형태는 크게 바뀌었다. 더 이상 동방
정교의 교회가 아니라 이슬람교 의례가 거행되는 '모스크'로 전환되었기
때문이다. 예수와 성인들을 묘사한 모자이크 벽화 위로 회칠이 더해졌
고, 기독교 성물들은 모두 다른 곳으로 옮겨졌다. 그래도 이 정도로 훼손
이 제한된 것이 오늘날의 관점에서 보면 참으로 다행이다.

　콘스탄티노플의 함락은 유럽인들에게 엄청난 충격이었다. 특히 유
럽의 무역을 주도하여 번영을 구가해 왔던 베네치아인들은 위기감에 휩
싸였다. 경제적 번영의 근간인 동방무역, 즉 아시아에서 들어오는 향신
료, 직물, 도자기 등을 유럽 전역에 판매하여 이익을 얻는 무역 활동이

전면적으로 중단될 위기에 처했기 때문이었다. 베네치아인들은 머리를 싸매고 고민했다. 동방과의 교역을 재건하는 것이 중요하기는 한데, 이 교도와의 접촉을 못마땅해하는 교황청의 매서운 눈길도 부담스러웠다. 결국 베네치아는 무역 강국으로서 지위를 되찾기 위해 오스만제국과의 관계를 회복하기로 마음먹었다. 다만 그 방법은 가급적 교황청을 자극하지 않는 것이어야 했다.

고심 끝에 짜 낸 아이디어가 바로 저명한 화가 젠틸레 벨리니Gentile Bellini, c.1429~1507를 콘스탄티노플에 파견하여 술탄의 환심을 사게 하는 것이었다. 그림 6-6에서는 1480년경에 그려진 메흐메트 2세의 두 초상화가 대비된다. 왼쪽의 그림은 오스만풍으로 그린 초상화로, 장미꽃을 들고 향기를 맡는 전통적 포즈로 그려졌다. 오른쪽의 그림이 벨리니의 작품으로, 깊은 사색에 잠긴 듯한 술탄의 모습을 화려하면서도 중후한 장식 안에 배치했다. 현대 외교사에 자주 등장하는 문화 외교의 중요한 선례가 이렇게 만들어졌다. 이 전략을 통해 베네치아는 동방무역을 주도하는 유럽의 경제 중심지로서 그 지위를 이어갈 수 있었다.

그러나 눈부신 외교적 성공에도 불구하고 베네치아가 점차 쇠락해 가는 역사적 운명 자체를 피할 수는 없었다. 이탈리아의 도시들이 동방무역으로 막대한 이익을 취하는 상황을 수 세기 동안 지켜본 유럽의 군주들은 아시아로 통하는 새 교역로를 개척하려는 야망을 마음속으로 키워 왔다. 콘스탄티노플이 함락되었다는 소식은 이 야망을 실천으로 옮기는 계기로 작용했다. 포르투갈과 스페인의 군주들에게 후원을 약속받

그림 6-6　메흐메트 2세의 두 초상화. 1480년경.

은 탐험가들이 가장 먼저 새 항로의 개척이라는 벤처 사업에 몸을 던졌다. 이들의 성공 소식은 곧 다른 나라의 군주와 탐험가 들을 자극했고, 머지않아 유럽의 상인들이 장거리 무역을 주도하는 시대가 도래했다.

콘스탄티노플의 함락은 유럽에 대한 아시아의 우위를 보여 주는 역사적 사건이었다. 그런데 이 사건의 영향은 메흐메트 2세가 생각했던 바와는 전혀 다르게 흘렀다. 유럽이 대항해 시대의 주역으로 나서게 되었고 결국 이것이 세계의 경제적·기술적·군사적 무게 추를 아시아에서 유럽 쪽으로 이동시키는 결과로 이어졌다. 역사는 실로 승자가 패자가 되고 패자가 승자로 바뀌는 반전의 연속이다.

임진왜란과 세계 노예무역, 그 함수 관계

대항해 시대,
'부유한 산'의
은銀이
세계를 일주하다

그림 7-1
●
「세로 리코의 성모」,
1720년 이전.

기독교적 내용을 담은 성화가 있다. 중앙에 성모마리아가 보인다. 그 위로 성령을 상징하는 비둘기가 있고 좌우로 성자와 성부가 위치하여 삼위일체를 완성하고 있다. 그림의 아래쪽으로는 교황과 군주가 시선을 끈다. 여기까지는 유럽적 색채가 강하다. 그런데 그림의 중앙 부분이 이채롭다. 성모마리아가 삼각형의 붉은 산 안에 위치하고 있는데, 자세히 보면 사방으로 길이 나있고 나무와 동물 들이 보인다. 산 아래쪽에 황금색 옷차림을 한 인물이 서 있는데 옷차림이 유럽인들과는 좀 달라 보인다. 산의 양 옆으로 보이는 하늘에는 해와 달이 그려져 있다. **그림 7-1은 과연 무엇을 묘사하고 있는 것일까?**

이 그림의 소재는 오늘날의 볼리비아의 포토시Potosi에 위치한 세로 리코Cerro Rico ― '부유한 산'을 뜻한다 ― 라는 장소다. 이 산은 세계사에서 매우 중요한 위치를 차지하는데, 그 이유는 이 산에 어마어마한 규모의 은광이 있기 때문이다.

1492년 콜럼버스가 아메리카에 발을 디딘 후 곧 스페인인들은 유럽에서 아메리카 대륙으로 이어지는 새 항로를 닦았다. 아메리카에 도착한 스페인 정복자들은 금과 은을 확보하는 데 온 힘을 쏟았다. 초기에

그림 7-2 「포토시의 세로 리코」, 1584년.

이들은 인디오 원주민들이 보유한 금은 공예품을 탈취하는 데 주력했지만 원주민들의 귀금속이 바닥나자 이후 금은 광맥을 직접 찾는 것으로 관심을 옮겨 갔다. 마침내 1545년, 그들은 포토시에서 초대형 은광을 발견했다. 이제 정복자들은 인디오 원주민의 노동력을 강제 동원하여 전통적인 용해 방식으로 은을 채굴·제련하기 시작했다.

시간이 흘러 은의 함유량이 높은 광맥이 점차 고갈되자 은광의 경제성은 낮아지게 되었다. 그런데 1570년경, 스페인에서 수은을 이용하

그림 7-3 가스파르 미겔 데 베리오, 「세로 리코와 제국 도시 포토시의 모습」, 1758년.

여 저급 광맥에서도 값싸게 은을 추출하는 기술인 '수은 아말감법'이 개발되었다. 때마침 페루에서 대규모 수은 광산이 개발되었다. 스페인 왕실을 뛸 듯이 기쁘게 만든 소식이었다. 그에 따라 포토시의 은 생산량은 다시 증가세를 보이게 되었다. 그림 7-2는 1584년에 제작된 포토시 광산의 그림이다. 은광 아래쪽으로 똑같은 모양의 집들이 다닥다닥 붙은 광산촌이 있고, 그 아래로 노동자들이 제련 작업을 하는 모습이 보인다.

포토시를 묘사한 그림을 한 점 더 보자. 그림 7-3의 가스파르 미

그림 7-4 테오도르 드 브리, 「포토시」, 1590년.

겔 데 베리오Gaspar Miguel de Berrío, c.1706~c.62가 그린 「세로 리코와 제국 도시 포토시의 모습」은 이 광산 도시가 얼마나 번영했는지를 여실히 보여 준다. 세로 리코 아래쪽으로 직선 도로가 사방으로 뻗은 도시의 모습이 한눈에 들어온다. 이 그림이 제작된 시기는 18세기 중반인데, 이때 포토시의 인구가 약 6만 명이었다고 한다. 은 생산량이 절정에 이르렀던 1600년경에는 인구가 10만 명을 넘었다. 해발 4,000미터에 육박하는 고지대에 서반구에서 손꼽히는 규모의 대도시가 존재했다는 사실이 무척이나 놀랍다.

포토시 광산의 채굴 장면은 테오도르 드 브리Theodor de Bry, 1528~98가 남긴 작품에 가장 꼼꼼하게 묘사되어 있다. 드 브리는 16세기에 활약한 대표적인 동판 화가이자 출판업자였다. 그는 대부분의 작품을 탐험가들이 남긴 기록에 의거하여 제작했다. 따라서 그의 그림은 탐험의 모습과 신세계의 풍습을 동시대의 다른 화가들에 비해 상대적으로 정확하게 알려 준다고 평가된다. 그가 그린 광산의 모습(그림 7-4)은 매우 독특하다. 세로 리코의 내부를 투시하듯 묘사한 점이 눈길을 끈다. 산꼭대기의 구멍을 통해 인디오 원주민들이 사다리를 타고 내려가 채굴 작업을 진행한다. 원주민들은 벌거벗은 채 횃불을 밝히고 힘들게 노동하고 있다. 이들은 채굴한 은덩이를 부대에 담아 어깨에 짊어지고 사다리를 타고 광산 밖으로 나온다. 이 은덩이는 다시 그림의 왼편과 오른편 위쪽에 보이는 것처럼 라마와 같은 가축을 이용하여 다른 곳으로 수송된다.

그림에서 짐작할 수 있듯이, 원주민 광부들의 노동 조건은 지극히 열악했다. 고된 노역이 장시간 이어졌고 사고의 위험도 컸다. 또 이들은 대부분 해안가 저지대에서 살다가 강제로 끌려온 사람들로서, 낯선 기후와 음식, 가혹한 채찍질 탓에 죽거나 다치는 경우가 허다했다. 당시에 세로 리코는 '사람 잡아먹는 산'이라고 불리기도 했는데, 그럴 만한 이유가 충분했던 것이다. '부유한 산'이 엄청난 인명 희생을 가차 없이 요구하는 상황, 부족한 노동력을 보충하기 위해 아프리카인들을 노예로 사들여 오게 되는 상황이 바로 대항해 시대가 드러내기 꺼리는 속살이었다.

그림 7-5 베라구아 지역의 금 채집, 『드레이크 필사본Drake Manuscript』에 수록된 삽화, 1560~70년대.

금광을 채굴하는 그림을 하나 더 보자. 그림 7-5는 지금의 파나마에 위치한 베라구아라는 지역에서 스페인인이 금을 모으는 장면을 묘사하고 있다. 네 명의 인부가 보이는데, 사금을 스페인인에게 내놓거나 금광석을 물에 세척하고 있다. 이들은 모두 피부가 검고, 곱슬머리다. 드브리가 그린 포토시 광산 그림에서와 달리 이 광부들은 흑인이다. 스페인인들이 인디오 원주민 대신에 아프리카에서 사들인 흑인 노예에게 사역을 시켰던 것이다. 이들이 비싼 대금을 치르면서도 아프리카 출신 노예를 동원한 데는 이유가 있다. 당시의 한 자료는 그 이유가 스페인인들이 금의 존재를 알게 된 인디오들이 반란을 일으켜 자신들을 쫓아낼까 봐 우려한 탓이라고 기록하고 있다. 사실 이런 이유가 아니더라도 인디오 원주민의 노동력은 곧 고갈될 형편이었으므로 아프리카 노예 수입의 확대는 필연적이었다.

이렇게 생산된 아메리카의 은은 어디로 갔을까? 스페인인들은 채굴한 은의 대부분을 자국으로 보냈다. 이 은은 스페인이 왕위계승 전쟁을 치르고, 종교개혁의 와중에 신교도를 압박하고, 외국에서 많은 물품을 수입하는 데 사용되었다. 이 과정에서 은이 서유럽 전역으로 유입되었는데, 이는 다시 서유럽이 발트해 연안에서 곡물과 목재를 수입하고, 레반트에서 동방의 생산품을 구매하고, 무엇보다도 남아프리카를 도는 인도 항로를 통해 인도와 중국의 인기 상품을 수입하는 데 사용되었다.

한편 아메리카에서 생산된 은의 일부는 태평양을 횡단하는 세계 최장 항로를 통해 마닐라에 있는 상관에 보내져 아시아 물품을 구입하는

데 쓰였다. 이렇듯 세계 무역망을 통해 아메리카에서 채굴된 은은 지구를 돌고 돌아 중국과 인도로 모아졌다. 당시 아메리카를 제외하고 은을 가장 많이 생산한 국가는 일본이었는데, 일본의 은도 수출항 나가사키, 그리고 쓰시마와 류큐琉球(지금의 오키나와)를 거쳐 중국으로 향했다.

은이 풍부해진 중국은 조세를 은화로 납부하도록 제도를 개편했다. 명대 후기와 청대에 실시된 일조편법一條鞭法과 지정은제地丁銀制가 바로 이런 제도였다. 새 조세제도는 은에 대한 수요를 늘려 세계적으로 은을 중국으로 유입시키는 역할을 했다. 마치 전 세계를 연결한 순환펌프가 작동하듯이 은이 지구를 돌고 돌아 중국으로 빨려들었다. 대항해 시대에 지구 전체는 은을 매개로 하여 단일 경제권으로 통합되었다.

통합된 국제 무역망 속에서 조선의 정세도 세계에 영향을 끼치는 상황이 되었다. 1592년 일본이 조선을 침략해 오자 명은 군대를 파병하는데, 이에 따라 막대한 양의 은이 필요해졌다. 임진왜란과 전후에 명은 부족한 은을 조달하기 위해 조선에 많은 양의 은을 요구했다. 세계적으로는 명이 은의 순환펌프에 압력을 높였을 것이고 그에 따라 아메리카에서는 은 채굴의 필요성이 더 커졌을 것이다. 그리고 유럽인들은 광산의 부족한 노동력을 보충하기 위해 아프리카에서 노예 수입을 더 늘렸을 것이다. 은을 매개로 지구 전체가 연결된 상황에서, 임진왜란이 세계적 노예무역의 증가로 이어졌으리라는 추정은 전혀 비현실적이지 않다.

이렇게 대항해 시대에 은은 식민지 체제와 국제 무역망을 통해 세계를 일주했다. 당시에 은의 종착지가 중국과 인도였다는 사실은 아시

그림 7-6 테오도르 드 브리와 그 아들들, 「콜럼버스의 신대륙 도착」, 1592년대.

아의 경제가 높은 국제 경쟁력을 지녔음을 시사한다. 하지만 이런 세계적 네트워크를 형성한 것 자체가 대항해 시대를 연 유럽인들이 주도했다는 사실은 향후 세계경제의 무게 중심이 점차 아시아에서 유럽으로 옮겨가리라는 점을 시사한다.

그림 7-1로 돌아가 보자. 그림의 아래 왼편에는 교황이 기도를 올리는 모습이 묘사돼 있다. 오른편에는 스페인의 국왕이자 신성로마제국의 황제였던 카를 5세가 가슴에 손을 얹고 있다. 이들 위로 보이는 황금

색 복장의 작게 그려진 인물은 잉카제국의 황제로, 유럽인이 옮겨 온 천연두에 걸려 사망한 와이나 카팍Huayna Capac, C.1450~1525이다. 왜소하게 표현된 카팍 뒤로 붉은 산이 성모를 덮고 있는데, 역사가들은 이를 안데스 산맥의 토지의 여신인 파차마마Pachamama를 성모상과 결합시킨 것이라고 해석한다. 산의 양옆으로 떠 있는 해와 달도 잉카제국에서 사용되던 형상이다. 유럽의 기독교와 잉카의 전통신앙을 혼합한 형태의 작품인 것이다.

이른바 '신크레티즘Syncretism'(혼합주의) 색채가 다분한 이런 작품들은 18세기에 많이 제작되었다. 이들은 공통적으로 신세계 믿음 체계의 일면을 보여 주는 동시에 이것을 구세계 믿음 체계에 흡수되고 복속된 것으로 묘사한다. 「세로 리코의 성모」는 유럽의 아메리카 진출이 물리적 정복만이 아니라 정신적 정복이기도 했다는 점을 우리에게 각인시킨다. 그림 7-6은 콜럼버스의 아메리카 상륙 장면을 묘사하고 있는데, 원주민들이 가져온 귀금속과 더불어 왼쪽에는 선원들이 십자가를 세우는 모습을 볼 수 있다. 이 땅도 기독교도들의 것이라고 선언하는 문화적 정복의 현장이다. 대항해 시대는 지구 전체를 단일한 활동권으로 통합했다. 지구 반대편에서 채굴된 은이 우리나라의 역사에 영향을 끼치게 된 점이야말로 400여 년 전, 대항해 시대가 초래한 세계 경제의 변화를 극명하게 보여 준다.

백지에서 시작된 유럽의 지식 혁명

중국 발명품,
유럽의
지식 대중화를
선도하다

그림 8-1
●
조반니 바티스타 란제티,
「디오게네스와 알렉산더」,
1670년경.

벌거벗은 노인과 갑옷을 입은 청년이 이야기를 나누고 있다. 낡은 담요를 허리에 두른 노인의 차림과 화려한 문양이 아로새겨진 갑옷을 입은 젊은 장군의 차림이 대조를 이룬다. 젊은이가 노인에게 뭔가를 말하려 하는데, 노인은 펼쳐진 책을 가리키며 거부의 몸짓을 보이고 있다. 예상하듯이 이 그림은 정복왕 알렉산더 대왕과 철학자 디오게네스의 만남을 묘사한 것이다. 그런데 이 작품에는 두 인물이 조우했던 기원전 4세기에는 볼 수 없던 사물이 그려져 있다. 그것은 무엇일까?

그림 8-1은 이탈리아의 화가 조반니 바티스타 란제티Giovanni Battista Langetti, 1625~76가 1670년경 그린 작품이다. 그는 마치 두 인물에만 강렬한 조명이 비추는 것처럼 명암을 강조해서 작품을 그렸다. 바로크 시대의 대표적 화가 카라바조의 영향이 느껴진다. 알렉산더가 권좌에 오른 후 자신을 축하하러 오지 않은 철학자 디오게네스를 몸소 찾아가 필요한 게 있으면 얘기해 보라고 말을 건넨다. 그러자 디오게네스가 "당신이 햇빛을 가리니 비켜 달라"라고 대답했다는 유명한 일화를 이 그

그림 8-2 폼페이 벽화, 79년 이전.

림은 묘사한다. 우리의 관심은 역사적으로 맞지 않는 사물이 무엇인가에 있다. 정답은 바로 책이다. 디오게네스가 가리키고 있는 책은 반듯하게 자른 종이들을 한쪽 모서리에 고정시킨 것으로, 오늘날 우리가 가장흔하게 접하는 '코덱스codex' 형태다. 화가는 디오게네스의 학식을 강조하고 싶었는지 두꺼운 책을 펼쳐 놓았고, 그 뒤로도 다른 책이 보인다.

그런데 기원전 4세기의 그리스에는 이런 형태의 책이 존재하지 않았다. 로마제국의 폼페이에서 제작된 벽화(그림 8-2)를 보자. 폼페이가화산 폭발로 잿더미에 묻힌 해가 79년이므로, 이 벽화는 그 이전에 제작된 게 분명하다. 주인공이 왼손에 들고 있는 것이 당시의 책이다. 밀랍을 칠한 나무판을 서너 겹 묶은 '밀랍 판wax tablet'이다. 오른손에는 '스틸루스stylus'라고 불리는 뾰족한 필기구를 들고 있다. 역사가들은 그리스인들이 밀랍 판을 사용하기 시작한 때가 기원전 8세기라고 추정한다. 이 밀랍 판이 코덱스의 원조라고 볼 수 있다.

그렇다면 디오게네스는 어떻게 생긴 책을 읽었을까? 코덱스가 등장하기 이전에는 두루마리scroll 형태가 대부분이었다. 두루마리 책은 제작과 보관이 쉽다는 장점이 있지만, 형태상 읽던 곳을 바로 찾기 힘들다는 단점이 있었다. 이런 단점을 극복한 코덱스가 나타나기까지 두루마리 책은 인류와 긴 시간을 함께 보냈다.

그리스인들이 두루마리 책의 재료로 사용한 것은 주로 이집트산 파피루스였다. 나일 강변에 야생하는 갈대 줄기를 얇게 잘라 가로세로로 겹친 후 두들기고 건조해 제작했다. 분명히 디오게네스는 파피루스로 만든 두루마리 책에 익숙했을 것이다. 이런 책의 모습을 19세기 독일의 폰 코르펜O. von Corven이 제작한 동판화가 잘 보여 준다. 그림 8-3은 1세기경 지식의 전당으로 명성이 높았던 알렉산드리아 도서관의 내부를 묘사하는데, 파피루스로 만든 두루마리 책들을 둥글게 말아 서가에 정리하는 모습을 볼 수 있다.

그러나 디오게네스 시대의 책이 파피루스로 만든 두루마리 형태였으리라고 확신할 수는 없다. 양이나 염소의 가죽으로 만드는 양피지도 오랜 기간 인간이 사용해 온 재료였기 때문이다. 디오게네스의 책은 양

그림 8-3 폰 코르펜, 「알렉산드리아 대도서관」, 19세기.

피지로 제작된 것이었을까? 양피지는 기원전 3세기에 페르가몬에서 개
발되었다고 알려져 있다. 이집트에서 들어오는 파피루스의 공급이 부족
해져 가격이 급등하자, 대응책으로 양피지를 본격적으로 만들어 사용하
게 되었다고 한다. 이 기록에서 기원전 3세기 이전에는 파피루스가 책

을 만드는 주요 소재였음을 유추할 수 있다. 하지만 그 이전에도 짐승 가죽에 글을 쓰는 건 드물지 않았다. 기원전 5세기에 역사가 헤로도토스는 당시에 가죽에 자주 글자를 적었다고 말한 바 있다. 따라서 디오게네스의 책이 양피지로 만든 게 아니라고 단정할 수는 없다. 그렇지만 파피루스로 만들었건 양피지로 만들었건 간에 디오게네스가 읽은 책이 두루마리 형태였음은 분명하다. 르네상스 시대부터 유럽인들 사이에 그리스 시대에 대한 관심이 고조되기는 했지만, 그리스의 책에 대해서는 17세기 화가에게 제대로 알려지지 않았던 모양이다.

종이책을 유럽인이 접한 것은 훨씬 뒤의 일이었다. 최초의 종이는 중국 후한의 채륜蔡倫이 105년께 발명한 것으로 전한다. 그는 나무껍질과 낡은 그물 등을 원료로 하여 얇고 가벼운 종이를 만드는 데 성공했다. 나무를 이용한 기존의 목간木簡이나 죽간竹簡에 비해 관리하기가 쉽고, 비단을 이용한 백서帛書에 비해 값이 싸다는 장점이 있었으므로, 그가 만든 이른바 '채후지蔡侯紙'는 인기가 높았다. 그림 8-4는 오늘날 남아 있는 가장 오래된 종이다. 채륜이 만든 종이는 이와 흡사했을 것이다. 한대에 만들어진 이 종이는 표면이 거칠고 고르지 못한 초기 종이의 모습을 보여준다.

한동안 동아시아에서만 사용되었던 종이가 더 넓은 세계로 알려진 것은 당나라 때였다. 동서양을 잇는 '실크로드'를 장악할 목적으로 7세기에 당 태종은 중앙아시아로 세력을 확장했다. 8세기에는 당이 힌두쿠시 산맥 부근까지 깊숙이 진격했다. 그러나 7세기에 등장한 이슬람교를

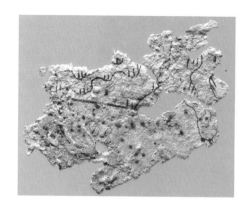

그림 8-4 한대에 제작되어 현존하는 가장 오래된 종이, 간쑤성 출토.

매개로 응집력을 강화한 아랍인들과 투르크인들도 8세기 초 사마르칸트를 점령하면서 실크로드의 통제권을 쥐겠다는 의지를 불태우고 있었다. 당 왕조와 새로 발흥한 아바스 왕조의 군대는 751년, 오늘날의 키르기스스탄에 위치한 탈라스에서 한판 대결을 벌였다. 고구려 유민 출신인 고선지高仙芝. ?~755 장군이 이끈 보병 중심의 당 군대는 기병 중심의 이슬람 군대와 격전을 벌였으나 결국 패배하고 말았다. 이때 종이 제작 기술을 가진 당 병사들이 사마르칸트에 포로로 끌려가 제지 공방을 만들게 되면서 기술이 이전됐다.

그 후 제지술은 이슬람 세계 전역으로 전파되었다. 793년에는 바그다드에서, 900년에는 이집트에서, 1085년에는 스페인의 톨레도에서 종이가 생산되었다. 제지 기술은 더욱 발달했고, 책을 제작하는 기술도 개량을 거듭했다. 십자군전쟁을 거친 후 제지술은 유럽 전역으로까지 확산되었다. 1190년에 프랑스에 상륙한 제지술은 13세기에 이탈리아로,

비주얼 경제사

그림 8-5 미하일 볼게무트·빌헬름 플라이든부어프, 『뉘른베르크 연대기』에 수록된 삽화, 1493년.

그리고 14세기에 네덜란드와 독일 지역으로 소개되었다. 유럽의 나머지 지역들도 대부분 16세기 말에 이르면 종이를 생산하게 된다.

유럽의 초기 제지 공장은 어떤 모습일까? 그림 8-5는 1493년 미하엘 볼게무트Michael Wolgemut, 1434~1519와 빌헬름 플라이든부어프Wilhelm Pleydenwurff, c.1460~94가 제작한 동판화로, 신성로마제국의 자치도시 뉘른베르크의 풍경을 보여 준다. 『뉘른베르크 연대기』에 실려 있는 이 그림에서 성곽으로 둘러싸인 중세 독일 지역의 전형적인 도시 형태를 확인할 수 있다. 우리의 관심은 그림의 오른쪽 아래, 성 안과 물길이 연결된

그림 8-6 뉘른베르크의 제지 공장, 「뉘른베르크 연대기」에 수록된 삽화 부분.

곳에 있는 몇 채의 건물들(그림 8-6)이다. 이것이 1390년에 부유한 상인 울만 슈트로머Ulman Stromer, 1329~1407가 지은 제지 공장으로, 알프스 이북에서 가장 오랜 역사를 자랑한다. 공장이 주거지와 떨어져 자리를 잡은 이유는 첫째, 수력을 동력으로 사용할 수 있어야 했고, 둘째로 종이 생산 공정에서 역한 냄새가 났기 때문이다. 이 제지 공장은 비록 인근 주민들에게 환영받지는 못했겠지만 독일에 양질의 종이를 풍족하게 공급하는 데 중요한 역할을 했다.

1440년대 독일의 구텐베르크가 개발한 금속제 활판인쇄술이 세계사에 엄청난 영향을 끼쳤다는 사실은 잘 알려져 있다. 당시는 종교개혁의 불길이 뜨겁게 타오르던 시기였다. 구교(가톨릭)에서는 신도들에게

신의 뜻을 알려 주는 성직자의 역할을 중시했던 반면에, 신교(프로테스탄트)에서는 개인이 성경을 직접 읽음으로써 신의 뜻에 이를 것을 강조했다. 이런 신교의 교리가 빠르게 확산될 수 있었던 데는 과거보다 성서를 값싸게 인쇄할 수 있는 기술의 등장이 중요했다. 그러나 새 인쇄술만으로는 인쇄물의 생산비를 대중이 구입할 수 있는 수준까지 낮출 수 없었다. 그간 책을 제작할 때 주로 사용되었던 고가의 양피지를 대신해서 값싸고 튼튼한 종이가 대량 공급되어야만 했다. 1500년까지 유럽에서 10개국 이상의 언어로 5만 종의 인쇄물이 2천만 권이나 발행된 데는 수백 년에 걸쳐 유럽에 전파되고 확산된 중국 원천기술의 공이 컸다. 이후 유럽에서 진행된 과학혁명과 계몽주의도 바로 이런 토대에서 출발했다.

종교개혁 이후 신교를 받아들인 지역은 구교 지역에 비해 빠른 경제성장을 보였다. 그 이유를 막스 베버는 『프로테스탄트 윤리와 자본주의 정신』에서 신교의 교리가 개인의 영리추구에 더 잘 부합했기 때문이라고 지적했다. 그러나 오늘날의 역사가들은 종교적 가르침의 차이보다 신교 지역에서 사람들의 문해율이 상대적으로 높았다는 사실에 주목한다. 종이와 새 인쇄술이 결합하여 종교적·비종교적 인쇄물을 대량으로 생산하게 되자, 글을 이해하고 표현하려는 열망이 고조되었다. 그에 따라 많은 사람들이 교육에 힘을 쓰게 되었고, 소수의 전유물이었던 지식이 널리 대중화되었다는 것이다. 백지에서 시작된 이 '지식 혁명'이 경제적 진보를 낳았다는 주장은 설득력이 매우 높다. 결국 경제발전의 동력은 구성원들의 두뇌에서 공급 가능한 게 아니던가.

09

역사상
최고가의
꽃

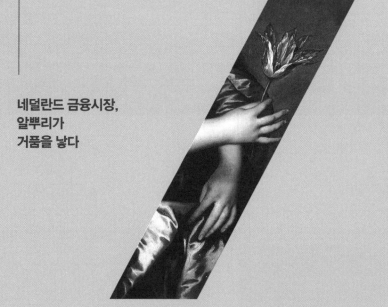

네덜란드 금융시장,
알뿌리가
거품을 낳다

그림 9-1

장-레옹 제롬, 「튤립 바보」,
1882년.

튤립이 가득한 아름다운 꽃밭에 병사들이 가득하다. 멀리 보이는 풍
차는.이곳이 네덜란드임을 말해 준다. 말을 탄 지휘관의 통제 하에
병사들이 꽃을 짓밟고 있다. 두 명의 병사는 오른편에 서 있는 사람
에게 잰걸음으로 오고 있다. 칼을 빼들고 있는 이 사람은 병사들과
는 달리 귀족처럼 번듯한 옷차림을 하고 있다. 이 사람 앞에는 화
분이 놓여 있고 거기에 빨갛고 흰 튤립 한 송이가 심어져 있다. 이
꽃을 건드리려 한다면 내 칼이 용서치 않으리라고 말하는 것 같다.
이 그림은 어떤 상황을 묘사하는 것일까?

튤립은 그 역사가 독특한 꽃이다. 유럽에 튤립이 전해진 것
은 16세기, 오스만제국에서였다. 신성로마제국의 외교관 오기어 기스랭
드 부스베크Ogier Ghislain de Busbecq, 1522~92가 1554년에 빈으로 튤립을 보
낸 것이 시작이었다. 네덜란드에는 1593년경 레이던 대학교 교수인 식
물학자 카롤루스 클루시우스Carolus Clusius, 1526~1609가 튤립을 소개했다.

1588년에 스페인에서 독립한 네덜란드는 이후 한 세기 넘게 중상
주의의 선도국으로서 화려한 번영을 누렸다. 세계 최초의 주식회사인

연합동인도회사가 대양을 누비면서 국제 무역을 주도했고, 암스테르담이 세계 금융의 중심지로서 이름을 떨쳤다. 튤립은 신흥 부국 네덜란드와 그 중심축인 상인 계층의 찬란한 번영을 상징하는 기념물로 떠올랐다.

튤립의 품종이 개량되면서 단색보다는 두 가지 이상의 색깔이 줄무늬나 불꽃 무늬를 이룬 품종이 특히 인기를 끌게 되었다. 사실 이런 무늬는 알뿌리가 '튤립 브레이크 바이러스'라고 불리는 바이러스에 감염되어 생기는 것이었다. 이 바이러스에 걸린 튤립은 쉽게 번식하지 못했기 때문에 단기간에 공급을 늘릴 수 없었다. 수요는 큰데 공급이 제한적이니 가격이 오르는 것은 필연적이었다. 고가의 상품이 되다 보니 멋진 이름도 필요했다. 당시 인기를 끌었던 품종은 대개 '부왕viceroy' '제독admiral' '장군general'과 같은 이름으로 불렸다. 역사상 가장 비싼 튤립으로 기록된 것은 셈페르 아우구스투스Semper Augustus ─ '영원한 황제'를 뜻한다 ─ 라는 품종이었다. 흰 바탕에 진한 빨간색 무늬가 화려했던 이 품종은 1630년대 '튤립광Tulipmania' 시대를 이끈 명품 중의 명품(그림 9-2)이었다.

튤립의 인기가 한창일 때에 튤립이 부와 권력의 상징이 된 것은 당연했다. 내로라하는 가문의 인물들이 유명 화가에게 의뢰하여 초상화를 그릴 때 튤립만큼 좋은 소품은 없었다. 바로크 미술의 대가 반다이크의 그림 9-3을 보자. 영국 찰스 1세의 총애를 받아 궁정화가로 활약한 반다이크는 1630년대에 귀족 초상화의 대가로 국제적으로 명성을 날리고 있

그림 9-2 17세기에 그려진 셈페르 아우구스투스.

그림 9-3 반다이크, 「제인 굿윈 부인의 초상」, 1639년

었다. 그의 그림에서 제인 굿윈 부인은 보석이 달린 값비싼 드레스를 입고 포즈를 취했다. 우리의 시선이 머무는 곳은 바로 부인이 오른손에 우아하게 쥔 한 송이의 튤립이다. 튤립의 인기에 국경 따위는 아무런 장애물이 되지 못했다.

명품 튤립은 1637년 상반기에 네덜란드에서 사상 최고가를 경신했다. 알뿌리 하나에 숙련된 장인이 버는 연소득의 10배나 되는 가격표가 붙었다. 가격 폭등에는 바이러스 탓에 인기 품종의 공급이 제한되었다는 사실도 작용했지만, 그보다 더 중요한 시대적 배경이 있었다. 당시 네덜란드의 금융업은 세계에서 가장 선진적이었다. 중상주의 시대 국제무역을 이끈 경제 강국이라는 명성에 걸맞게 네덜란드는 새로운 금융 기법을 창안해 내고 있었다. 가장 대표적인 것이 '선물先物 계약'이었다. 어떤 상품을 현재의 시장가격으로 거래하는 것이 아니라 미래 특정 시점에 특정 가격에 인수하기로 하는 계약이었다. 1636년에 세계 최초의 공식 선물시장이 네덜란드에 개장되어 선물계약의 거래가 활성화되었다. 그리고 여기에 '옵션Option 계약'이란 혁신적 금융상품이 더해졌다. 계약자는 해당 상품의 가격이 떨어지면 구입을 포기하고 소액의 벌금만 내면 되도록 1637년에 법령이 제정되었다. 유례 없는 투기 광풍의 배경에는 선물과 옵션이라는 새로운 파생금융상품의 등장이 있었던 것이다. 이런 거래를 사람들은 '바람거래windhandel'라고 불렀다. 튤립은 바람거래의 대표 상품이었다. 튤립 자체의 실제 이동이 없이 금융거래를 통해 거래하는 사람들의 손만 바뀐다는 의미에서였다. 투기광풍이 불면서 단타

그림 9-4 헨드릭 헤리츠 포트, 「바보들을 실은 플로라의 수레」, 1640년.

매매가 급증하고 가격이 폭등했다. 이렇게 형성된 거품은 언젠가는 터질 수밖에 없었다. 튤립 가격이 꼭짓점을 넘어서면서 투매投賣가 발생하고 파산자가 속출하자, 결국 정부가 개입해 계약을 일괄 무효화하는 것으로 사태를 정리했다. 튤립 거품은 전례 없는 금융 혁신을 시도한 네덜란드가 겪어야만 했던 시행착오였는지 모른다.

당시의 투기 열풍을 꼬집는 그림이 많이 제작되었다. 헨드릭 헤리츠 포트Hendrik Gerritsz Pot, c.1580~1657가 제작한 그림 9-4를 보자. 돛 달린 수레에 튤립이 그려진 깃발이 날리고 있다. 그 아래 튤립을 가득 안고서

그림 9-5 얀 브뤼헐 2세, 「튤립 광기에 대한 풍자」, 1640년경.

앉아 있는 꽃의 여신 플로라가 보인다. 수레 위에는 머리에 튤립을 꽂은 광대 차림의 인물들이 술을 마시거나 돈주머니를 손에 들고 있다. 그림의 왼편으로는 한 무리의 사람들이 '건전한 생산 수단'인 방직 도구를 버리고 수레를 뒤따르고 있다. 이 수레가 향하게 될 곳은 멀리 배경에 보이는 깊은 바다일 것이다. 탐욕에 현혹되어 현실을 내동댕이치는 사람들에 대한 신랄한 비판이 느껴진다.

이번에는 얀 브뤼헐 2세의 원숭이 무리 그림(그림 9-5)을 보자. 왼편 아래의 원숭이는 손에 든 목록과 튤립 꽃들을 꼼꼼히 비교하고 있다.

그 오른편에서는 원숭이 무리가 거래를 하고 있다. 튤립을 가리키고, 악수를 하고, 돈주머니를 흔들고, 장부에 기록을 한다. 계단 위에서는 원숭이들이 성찬을 즐긴다. 그림의 중앙 오른편으로는 알뿌리의 무게를 재고 탁자 위에서 돈을 세는 모습이 보인다. 그 오른쪽은 거품 붕괴의 결과를 보여 준다. 맨 앞의 원숭이는 값이 폭락한 튤립에 오줌을 누고, 뒤로는 법정에 끌려오는 원숭이와 손수건으로 눈물을 훔치는 원숭이가 보인다. 멀리 뒤에서 진행되는 장례식은 부채에 눌려 목숨을 끊은 원숭이를 위한 것이리라. 투기 광풍에 휩쓸린 몽매함이 비참한 결과를 가져온다는 교훈이 그림에 가득하다.

이제 그림 9-1로 되돌아가 보자. 배경을 이루는 교회는 하를럼에 있는 성 바보St Bavo다. 하를럼은 1637년 튤립 거품이 처음 꺼진 곳이다. 군인들이 튤립 꽃밭을 짓밟는 이유는 튤립의 공급량을 줄여 가격 폭락을 막으라는 상관의 명령이 있었기 때문이다. 반면에 오른편의 귀족은 자신이 소유한 튤립 화분을 반드시 지키겠다는 의지를 내보인다. 꽃 색깔로 볼 때 아마도 값비싼 품종이었을 것이다.

　프랑스의 화가 제롬이 「튤립 바보」라는 제목의 이 그림을 그린 이유는 무엇이었을까? 이 그림이 그려진 1882년은 파리 주식시장이 대폭락한 해였다. 19세기에 프랑스가 겪은 최악의 주가폭락으로 기록될 수준의 금융공황이었다. 역사화에 정통했던 화가 제롬은 250년 전에 이웃 나라에서 발생했던 사태를 상기시킴으로써 사람들에게 교훈을 일깨우고자 했던 것이다.

　튤립 공황은 지난 300여 년 동안 인간의 우매함을 상징하는 대표적인 역사적 사례로 인용되어 왔다. 1720년에 발생한 프랑스의 미시시피 버블Mississippi Bubble 및 영국의 남해회사버블South Sea Bubble과 더불어 금융공황의 초기 사례로 지목된다. 특히 20세기 후반부터 국제적 금융위기의 발생 빈도가 높아지는 환경에서 이 사례들은 학계와 언론에서 반복적으로 인용되고 있다.

　그러나 최근에는 이들에 대한 학문적 재평가 움직임도 활발하다. 새로운 연구에 따르면, 당시의 투자행위를 전적으로 비이성적 충동으로 매도할 수 없다고 한다. 거품의 존재를 알면서도 냉정을 잃지 않고 적절한 시점에 '올라타고' 다시 적절한 시점에 '뛰어내려' 이익을 얻은 '합리적' 투자자도 많았다는 것이다. 주요 투자자가 소수의 부유층이었기 때문에 거품붕괴의 영향도 자산의 재분배에 머물렀을 뿐, 국가경제 차원의 타격은 그리 크지 않았다는 주장도 있다.

　그렇다면 이 거품들은 어떻게 '최악의 거품'이라는 오명을 갖게 되었을까? 19세기에 철도와 주식시장의 과열이 반복적으로 발생하면서, 일부 저술가들이 이 거품을 과장되게 서술하여 널리 전파했던 탓이 크다. 영국의 찰스 맥케이Charles Mackay가 1841년에 펴낸 『대중의 미망과 광기』(이윤섭 옮김, 2004, 창해)라는 책은 이러한 과장을 대중화하는 데 결정적인 역할을 했다. 예를 들어 이 책에는 튤립의 알뿌리를 양파로 착각하여 먹었다가 투옥되었다거나 굴뚝청소부와 같은 저소득층까지도 투기 열풍에 빠졌다는 일화가 많이 실려 있는데, 이들은 1630년대 당시의 기록에서 확인되지 않는 내용이다. 하지만 학술적 성과는 재미가 없고 대중에게 알려지기까지 시간도 오래 걸리기 마련이다. 그래서 오늘날에도 인터넷과 언론을 통해 튤립 거품은 과대 포장되어 재생산되고 또 재생산된다. 과거의 거품 위로 새 거품이 계속해서 이는 형국이다.

10

세계 최대 국가의 탄생 배경

명품 모피에 대한
소비욕,
시베리아 정복을
이끌다

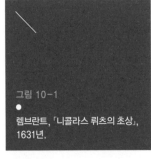

그림 10-1
●
렘브란트, 「니콜라스 뤼츠의 초상」,
1631년.

화려한 모피 차림의 중년 남자가 서 있다. 값비싼 담비 털을 댄 타바드(중세 말기의 기사들이 갑옷 위에 입던 망토)라는 망토를 차려입고 역시 고급 털로 만든 모자를 쓰고 있다. 렘브란트가 그린 이 인물은 당당하면서도 주의력 깊은 표정과 시선을 보이고 있다. 하지만 보통 초상화를 많이 주문하는 귀족이나 학자라고 보기에는 덜 세련된 인상에다 얼굴에 주름이 깊고 손이 두텁다. **그는 무슨 일을 사람일까?**

그림 10-1의 주인공은 러시아에서 모피 사업을 하는 니콜라스 뤼츠라는 인물이었다. 뤼츠는 러시아 북부 지역에서 모피를 사들여 와 판매를 했는데, 그다지 부유한 상인은 아니었다고 한다. 렘브란트는 1631년 레이던에서 암스테르담으로 이주했는데, 이 초상화 주문은 이주 후에 첫 번째로 받은 일이었다. 새로 정착한 대도시에서 화가로서 명성을 쌓아야 하는 입장이었던 렘브란트는 주문자가 내심 원하는 이미지대로 초상화를 그려 주기로 마음먹었다. 그래서 주문자가 실제로 입

던 옷 대신 그가 고객에게 판매하기 위해 보유했던 최고급 모피 옷을 입었고, 주로 고관들을 그릴 때 쓰던 4분의 3 전신상 구도를 써서 이 작품을 탄생시켰다. 과연 렘브란트는 부르주아 초상화의 지평을 열었다는 평가에 어울릴 만한 화가였다.

주목할 부분은 중상주의 시대에 네덜란드에서는 많은 모피 수입상이 활동했다는 사실이다. 당시에는 네덜란드뿐만 아니라 유럽 대부분의 국가에서 높은 모피 수익을 올리고 있었다. 부르주아 계층이 부를 축적

비주얼 경제사

하면서 사회적 위상이 높아지던 시기였다. 중세 내내 모피 옷은 왕족과 귀족이 사랑하던 최고급 명품이었다. 특정한 모피, 예를 들어 어민Ermine (북방 족제비의 흰색 겨울털로 판사의 법복 장식에 쓰임)이나 배어Vair(회색 흰색 무늬가 있는 다람쥐 털로 귀족의 외투 깃 장식에 사용)는 최상류층의 옷에만 사용할 수 있다는 명령이 공포되기도 했고, 신분에 따라 입을 수 있는 모피 종류를 지정하는 법이 제정되기도 했다. 16세기 이후 부유한 신흥 부르주아들이 신분을 사들이고 고위직에 임명되기도 했는데,

이때부터 모피는 중산층에게까지 폭발적인 인기를 끌게 됐다.

모피의 인기는 모피의 최대 공급지인 러시아에 큰 변화를 가져왔다. 세계 각지가 새 교역로를 통해 단일한 네트워크로 통합되어 가던 16세기에, 유라시아 면적의 5분의 1 이상을 차지하는 시베리아에서는 여러 부족들이 세계화의 흐름과 단절된 채 서로 다른 언어를 사용하면서 수렵과 채집, 순록 사육을 하며 살아가고 있었다.

러시아에서는 1547년 스스로 차르라 칭하고 즉위한 이반 뇌제가 중앙집권적 체제를 구축하고 영토를 확장하면서 제국의 면모를 갖추어 가고 있었다. 1580년대 엄청난 대부호인 스트로가노프가家는 이반 뇌제에게 시베리아에서 민관 합동으로 모피 무역을 하자고 제안했다. 차르가 이를 받아들이자 스트로가노프가는 러시아 남방 지역에서 싸움에 능한 카자크(코사크)를 대거 고용하여 시베리아 정복 작전을 시작했다.

그림 10-2는 카자크 부대가 시베리아 시비르한국汗國(1556년 쿠춤 칸Kucum Khan이 서부 시베리아의 시비르를 중심으로 세운 나라. 시베리아 지배권을 두고 러시아와 싸우다가 패하여 1598년에 멸망함)의 부대와 전투를 하는 장면을 보여 준다. 총포로 무장한 예르마크 티모페예비치가 이끄는 카자크 부대가 재래식 무기를 사용하는 적군을 압도하는 장면이다. 화가 바실리 수리코프는 카자크 부대 진영에 '손으로 그려지지 않은 구세주' 이콘과 '승리자 게오르기' 깃발(그림 10-3)이 휘날리는 것으로 묘사했다. 사람의 손에 의하지 않고 기적적으로 화폭에 그려졌다는 구세주 상과 사악한 용을 죽인 것으로 유명한 성 게오르기의 상은 모두 러

그림 10-3
러시아 정교회의 이콘과
게오르기 깃발,
「예르마크의 시베리아 정복」(부분).

시아 정교의 대표적 상징물이다. 카자크 군대가 이들을 휘날리면서 용
맹스럽게 이슬람 세력을 제압하는 광경을 화가는 장엄한 모습으로 그렸
다. 그는 이 전투를 러시아 정교와 이슬람, 문명과 야만, 혹은 근대와 전
근대의 대결처럼 묘사했다.

　　이후 카자크 부대는 시베리아 전역을 차례로 정복했다. 그들에게
는 러시아 정부에게 지원받은 병력과 무기가 있었을 뿐만 아니라, 시베
리아인과 달리 질병에 대한 저항력이 있었다. 하지만 약 1세기 전 아메
리카 인디오들이 스페인 정복자들을 통해 들어온 천연두와 홍역 탓에 엄
청난 사망률을 기록했던 것과 마찬가지로, 수많은 시베리아인들도 이
질병들에 전염되어 목숨을 잃었다. 이렇듯 시베리아 전역에서는 학살과
질병으로 인구가 격감하거나 아예 절멸한 부족이 줄을 이었다. 또한 수
많은 여성과 아이들은 노예 신세로 전락했다.

　　동진東進은 계속되었다. 1640년대에 아무르 강에 도달했고, 1650년

그림 10-4 시베리아에서 모피를 공납으로 징수하는 모습, 19세기 그림.

대에는 만주 헤이룽 강 지역까지 진출하여 요새를 건설함으로써 청나라와 마찰을 빚게 되었다. 조선에서 청의 요청에 따라 총수銃手들을 뽑아 나선羅禪, Russia 원정대를 파견한 것이 바로 이때였다. 한편, 이미 1639년에 태평양 연안에까지 도달했던 러시아의 정복 부대는 동진을 계속해 1740년대에 알래스카에 정착지를 마련했고, 이어서 1810년에는 캘리포니아 북부까지 도달했다. 그리하여 역사상 최초로 유럽 – 아시아 – 아메리카를 잇는 초대형 제국이 탄생했다.

광대한 시베리아를 손에 넣은 러시아는 무엇보다도 모피를 안정적으로 확보할 방안을 찾았다. 우선 모든 건강한 성인 남성에게 모피 공납을 의무화했다. 그림 10-4에 모피를 징수하는 모습이 그려져 있다. 과거에도 시베리아인들은 야사크Yasak라고 불리는 이 공납제도에 익숙해 있었다. 유력한 집단에게 공물을 바치는 대신 하사품을 받는 형태였다. 러시아의 통치 하에 이제 시베리아인들은 모피를 러시아 황실에 바치고 대신 담배, 도끼, 칼 등을 하사받았다. 17세기에 매년 20만 장 이상의 모피가 공납되었다. 러시아 세수의 10퍼센트에 육박하는 가치였다. 술과 담배처럼 중독성이 강한 물품을 시베리아 사람들에게 판매하는 대가로 모피를 받는 방법도 널리 쓰였다. 이 역시 러시아 정복자들이 모피를 지속적으로 확보하고자 고안해 낸 방법이었다. 이러한 공납과 교역을 통해 시베리아는 세계적 네트워크의 일부가 되었다. 강압적이고 잔인한 세계화 과정이었다.

알래스카의 사정도 시베리아와 별반 다르지 않았다. 1740년대부터 알래스카로 진출한 러시아 상인들은 원주민인 알류트 족을 예속화하거나 교역 체제에 편입시킴으로써 이들에게 계속 모피를 공급받았다. 학살과 예속화, 질병의 창궐도 익숙한 광경이었다. 러시아 상인들은 서로 경쟁이 치열해지자 무역회사를 합병하여 규모를 키웠고, 그럴수록 알류트 족은 더 깊고 험한 지역까지 들어가 모피 사냥을 해야만 했다.

그러나 모피 공급처로서 알래스카는 한 가지 결정적인 약점을 지니고 있었다. 유럽까지 운송비가 많이 든다는 점이었다. 유럽인들이 북아

그림 10-5 에마누엘 로이체, 「알래스카의 매입 서명」, 1868년.

그림 10-6 러시아가 미국에 지불한 수표.

메리카의 모피 자원을 공략하는 데는 대서양을 건너 대륙의 동북쪽으로 가는 것이 더 유리했다. 프랑스와 네덜란드가 일찍부터 모피를 손에 넣기 위해 북아메리카에 발을 들여놓았고, 영국은 후발국이었지만 1668년 허드슨만을 차지함으로써 모피 무역에 유리한 고지를 장악했다. 이후 허드슨만 회사Hudson's Bay Company(영국의 부유한 상인들이 모피 무역을 하기 위해 허드슨만에 설립한 회사. 영국 국왕은 1670년 허드슨만으로 유입되는 모든 강 유역의 모피 전매권을 이곳에 주었다)는 모피 무역에서 발군의 실력을 과시했다. 이런 서유럽 경쟁자들에 맞서기에 러시아의 회사들은 힘이 부쳤다. 알래스카를 둘러싼 러시아의 고민은 여기에서 비롯됐다.

러시아는 1854~56년 크림전쟁에서 영국·프랑스·터키와 싸웠으나 패배했다. 재정이 악화되고 군사력이 불충분한 상황에서 차르와 관리들은 드넓은 제국의 영토 중에서 경제적 가치가 작은 부분은 포기하는 것이 낫다고 생각하게 되었다. 알래스카에 유용한 자원이 얼마나 많은지 조사를 해 보니 석탄 매장량은 적고, 고래잡이는 어렵고, 금 채굴도 신통치 않았다. 무엇보다도 내륙 탐사를 통해 앞으로 기대할 수 있는 모피 양이 많지 않다고 판단했다. 그리하여 자원개발 전망이 나은 시베리아의 아무르 강 유역에 관심을 집중하는 것이 좋겠다는 결론에 도달했다. 1859년부터 러시아의 차르 알렉산드르 2세는 시베리아를 인수할 대상국을 물색했지만 여의치 않았다. 미국에서 남북전쟁이 마무리된 1867년, 러시아는 미국을 상대로 다시 판매 협상을 벌였다.

그리고 같은 해 3월 30일, 마침내 러시아와 미국 간에 역사적 조약이 체결되었다. 그림 10-5는 에마누엘 로이체Emanuel Leutze, 1816~68가 묘사한 조약 체결 장면이다. 커다란 지구본을 사이에 두고 왼편의 네 명의 미국 대표와 오른편의 세 명의 러시아 대표가 의견을 교환하고 있다. 이 조약의 핵심 내용은 러시아가 광대한 알래스카 땅을 720만 달러에 미국에 매각한다는 것이었다. 그림 10-6는 이 역사적 거래에 쓰인 수표의 사진이다. 왼쪽 위에 적힌 '$7,200,000'이라는 금액이 시선을 끈다. 러시아의 차르는 이 땅이 훗날 금, 석유, 천연가스가 가득한 자원의 보고로 판명될 것임을 꿈에도 상상하지 못한 채, 1에이커(약 4천 제곱미터)에 불과 2센트라는 헐값에 넘기고 말았다. 모피에서 시작된 러시아의 영토 확장은 여기서 마무리되었다. 결정적 오판 탓에 러시아는 지금보다 더 큰 영토 대국, 세 대륙을 있는 유일한 영토 대국이 될 기회를 영영 잃고 만 것이다.

11

나폴레옹이
스핑크스를
납작코로 만들었다?

프랑스의
이집트 원정,
영국과의 지식 전쟁으로
이어지다

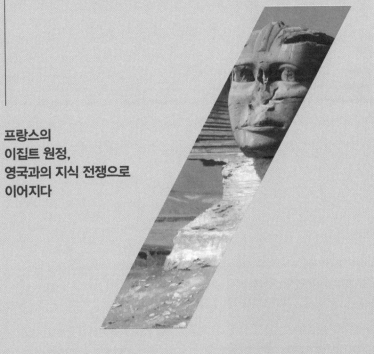

그림 11-1
●
장-레옹 제롬,
「스핑크스 앞의 보나파르트」,
1867~68년.

이집트의 거대 조형물인 스핑크스 석상을 군복 차림의 사내가 말을 탄 채 응시하고 있다. 무척이나 자세가 당당한 이 사내는 나폴레옹 보나파르트다. 자세히 보면 멀리 뒤편으로 주둔하고 있는 군대가 보이고 왼편에는 보좌진의 그림자가 보인다. 장-레옹 제롬이 그린 「스핑크스 앞의 보나파르트」다. 1798년 혈기 넘치는 29세의 프랑스군 총사령관 나폴레옹의 이집트 원정기를 묘사한 이 그림에서 스핑크스는 지금 모습과 마찬가지로 코 부분이 허물어진 모습으로 등장한다. 이는 포병장교 출신인 나폴레옹이 스핑크스의 코를 표적 삼아 대포를 발사하도록 명령했기 때문이라고 널리 알려져 있다. **이런 세간의 믿음은 과연 역사적 진실일까?**

그림에서 나폴레옹은 거대한 괴물을 압도하는 아우라를 풍긴다. 마치 야만스러운 괴물 스핑크스의 코를 인간 영웅이 납작하게 만든 것을 기념하는 듯하다. 유럽의 백인 지도자가 아프리카 고대왕국의 신화적 존재를 못마땅하게 여겨 지울 수 없는 상처를 남겨 주려 했을지도 모른다. 그러나 화가가 의도했음직한 이런 인상은 실제 역사와는 거리가 멀다.

원래 스핑크스는 고대 이집트의 신화에 등장하는 괴물로, 사람의

그림 11-2 귀스타브 모로, 「오이디푸스와 스핑크스」, 1864년.

머리에 사자의 몸을 지녔다. 스핑크스는 이집트뿐 아니라 바빌로니아, 페니키아, 페르시아 등에서도 오래전부터 알려져 있었다. 지역에 따라 독수리의 날개를 단 모습으로 등장하기도 한다. 우리에게 스핑크스가 친숙해진 것은 그리스 신화를 통해서였다. 테베의 바위산 부근에 살면서 지나가는 사람에게 "아침에는 다리 네 개, 낮에는 다리 두 개, 밤에는 다리 세 개로 걷는 것이 무엇인가?"라는 수수께끼를 던져 이를 풀지 못하면 잡아먹었다. 그런데 오이디푸스가 수수께끼의 정답이 "사람"이라고 맞추자 스핑크스는 스스로 물속에 몸을 던져 죽었다고 이 신화는 전한다.

그림 11-2는 귀스타브 모로의 작품 「오이디푸스와 스핑크스」다. 무명에 가까운 화가였던 모로는 1864년 이 그림을 살롱에 출품하면서 선풍적 인기를 끌었다. 미술사학자들은 모로가 초기 르네상스 화가인 안드레아 만테냐(그림 4-3 「성 세바스티아누스」를 그린 화가, 60쪽)의 화풍을 많이 흡수했다고 평가한다. 모로의 그림에서 스핑크스와 오이디푸스는 몸을 밀착시킨 상태로 서로의 눈을 쳐다보고 있다. 어떻게 보면 격투기 선수들이 종이 울리기 직전에 매서운 눈빛을 교환하는 장면을 연상할 수도 있다. 이와 달리 모로가 스핑크스를 아름다운 여인의 모습으로 표현한 점에 주목할 수도 있다. 여기에서 스핑크스는 치명적 위험을 지닌 존재이면서 운명적으로 오이디푸스를 사랑하게 되는 여인이 된다. 마음 깊이 흠모하는 이에게 생사를 건 수수께끼를 던져야만 하는 비극적 인물로 스핑크스를 재탄생시킨 화가의 상상력이 놀랍다. 이렇게 보면

이 그림은 '팜파탈'과 '뇌섹남'의 엇갈리는 눈빛 교환을 그린 것이 된다.

다시 원래의 질문으로 돌아가 보자. 정말로 나폴레옹이 스핑크스 석상의 코를 망가뜨렸을까? 나폴레옹이 왜 이집트로 향했나를 생각해 보자. 1789년에 프랑스혁명이 발발하자 유럽의 군주들은 바짝 긴장했다. 왕정을 무너뜨리고 공화정을 세우는 혁명의 불길이 자국으로 번지지 않을까 노심초사한 이들은 연합세력을 구축하여 프랑스를 제압하고자 했다. 혁명의 소용돌이 속에서 군사력을 장악한 나폴레옹과 군주국 연합군과의 충돌은 필할 수 없는 운명이었다.

연합군의 중심 세력이었던 영국은 중상주의 시대를 거치면서 확보한 해외 교역로를 통해 국제 무역을 주도하고 있었다. 18세기 말 유일하게 산업혁명을 거치고 있는 국가였던 영국은 면직물을 포함한 각종 공산품을 해외 시장에 내다 팔았고 아시아에서 값비싼 직물, 향신료, 도자기, 차 등을 수입해 유럽 시장에 판매하여 막대한 이익을 남기고 있었다. 나폴레옹 원정대의 목표는 국제 통상로의 요충지인 이집트를 장악함으로써 영국에 타격을 입히는 것이었다.

그런데 특이한 점은 나폴레옹이 이집트로 향할 때 5만 명의 군사와 더불어 많은 학자들을 대동했다는 사실이다. 지리학자, 식물학자, 엔지니어, 수학자, 지질학자 등을 포함하여 탐험대에 합류한 학자는 무려 167명에 이르렀다. 나폴레옹이 이들을 대동한 직접적인 이유는 군대의 원정을 돕게 하기 위해서였다. 지형과 기후를 기록하고, 도로와 수로를 파악하고, 병참에 도움을 주는 것이 핵심 임무였다. 그렇지만 동시에

그림 11-3 레옹 코니에, 「보나파르트 지휘 하의 1798년 이집트 탐험대」, 1835년.

나폴레옹은 프랑스의 '문명'을 이집트에 전파하고 이집트에 대한 지식을 축적하는 것도 중요한 임무라고 여겼다. 학자들은 이집트협회Institut d'Égypte를 설립하고 다양한 조사와 연구를 진행했다.

레옹 코니에의 그림 11-3을 통해 탐험대의 활동 모습을 살펴보자. 텐트 안쪽 중앙에 특유의 반원형 이각모를 쓴 나폴레옹의 모습이 보인다. 학자들은 텐트 안팎에서 문서를 조사하거나 유물을 살펴보거나 종이에 뭔가를 기록하고 있다. 이집트인들은 미라와 같은 유물을 운반하거나 물을 길어 나르는 모습으로 묘사되어 있다.

이렇듯 나폴레옹의 이집트 원정은 지식을 확장하기 위한 사업이기

그림 11-4 제임스 길레이, 「이집트 역병의 근절」, 1798년.

도 했다. 3년에 걸친 탐사와 연구의 결과물은 총 20권에 이르는 방대한 자료집으로 완성되었다. 이 지식 탐험대가 이룬 성과 중에 역사적으로 가장 중요한 것이 로제타석Rosetta Stone이라는 비석을 발견한 일이었다. 여기에는 이집트 프톨레마이오스 5세의 덕행에 관한 동일한 내용이 세 문자, 즉 상형문자와 밀접하게 관련된 성각문자Hieroglyph, 이집트의 민중문자, 그리고 그리스 문자로 새겨져 있었다. 로제타석은 그간 풀지 못했던 상형문자를 해독할 절호의 기회를 제공했다. 20여 년간 유럽 각국의 학자들이 치열한 두뇌 경쟁을 벌였고, 마침내 1822년 프랑스의 장 – 프랑수아 샹폴리옹이 성각문자를 해독함으로써 경쟁을 승리로 마감했다.

그러나 로제타석은 현재 프랑스의 루브르 박물관이 아니라 런던의 대영박물관에 소장되어 있다. 나폴레옹의 군대가 영국군에게 패했기 때문이다. 영국의 만평가 제임스 길레이의 그림 11-4에 나폴레옹이 영국과 치른 나일 강 전투가 상징적으로 묘사되어 있다. 멀리 희미하게 보이는 피라미드가 이곳이 나일 강 하구임을 말해 준다. 오른팔에 갈고리를 단 영국의 넬슨 제독이 몽둥이로 프랑스의 '혁명파' 악어들을 때려눕히고 있다. 길레이는 그림 제목을 「이집트 역병의 근절」이라고 달았다. 이집트까지 침투해 들어온 반反군주제 혁명이라는 감염력 높은 역병을 영국 해군이 퇴치한다는 뜻이다. 악어가 역병의 상징으로 등장하는데, 몸뚱어리가 프랑스혁명의 이념을 의미하는 3색으로 칠해져 있다. 영국군의 공격을 받아 바닷속으로 침몰하는 프랑스군 선단의 이미지가 겹쳐진다. 나폴레옹 군대가 나일 강 전투와 이후의 전투들에서 패배함에 따라, 프랑스가 수집한 약 5천 점의 유물 가운데 현재 1퍼센트만이 루브르 박물관에 놓이게 되었다. 로제타석도 이런 과정에서 영국으로 향하는 선박에 실렸다.

나폴레옹 전쟁은 매우 '세계적'인 전쟁이었다. 영국, 프로이센, 러시아 등 유럽의 주요 국가들이 전쟁이 참여했으며 스페인, 이탈리아, 오스트리아 등 많은 지역이 나폴레옹의 점령 통치를 받았다는 점에서 범유럽적 전쟁이었다. 또한 이집트처럼 본토에서 멀리 떨어진 곳에서까지 전투가 벌어졌으며, 전쟁의 여파로 중남미의 대다수 국가들이 독립

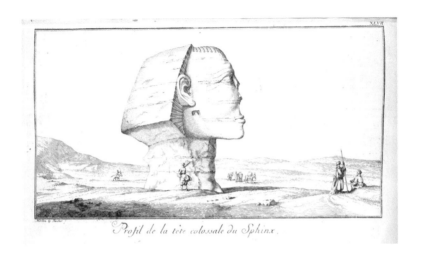

그림 11-5 프레데릭 노르덴, 「스핑크스 거대 두상 옆모습」, 1755년.

의 기회를 맞게 되었다는 점에서 세계적 전쟁이었다. 이와 더불어 이집 트 유물을 손에 넣기 위해 여러 국가들이 노력을 기울였으며 유럽 각국 의 학자들이 성각문자를 해독하기 위해 치열하게 경쟁했다는 점도 나폴 레옹 전쟁의 세계적 성격을 말해 준다. 이 전쟁은 영토 정복만이 아니라 세계의 지리 · 역사 · 문화에 대한 지식 정복을 의도했던 것이다.

나폴레옹이 많은 학자들을 대동하여 이집트학Egyptology을 개척했 다는 사실과 스핑크스의 코를 파괴했다는 주장은 잘 들어맞지 않는다. 고대 유물에 관심이 지대했던 나폴레옹이 왜 스핑크스에 치명적인 손상 을 입혔겠는가? 그렇다면 나폴레옹이 스핑크스의 코를 훼손했다는 주 장이 틀렸음을 밝히는 더 명백한 증거는 없을까?

비주얼 경제사

해답은 의외로 간단한 곳에 있다. 나폴레옹의 원정 이전에 이미 스핑크스의 코가 파손된 기록이 있다. 1755년 이집트를 방문한 덴마크의 탐험가 프레데릭 노르덴이 그린 그림 11-5를 보자. 나폴레옹 원정보다 40여 년 앞선 시기에 제작된 이 그림에서 이미 스핑크스의 코는 무너져 있다.

여전히 남는 의문은 과연 누가 언제 스핑크스의 코를 파손시켰을까 하는 점이다. 15세기에 이집트의 역사가 알-마크리지Al-Maqrizi가 기록한 내용이 신빙성이 있다. 1378년에 이슬람의 수피 열혈 신도인 무함마드 사임 알-다르Muhammad Sa'im al-Dahr의 명령으로 스핑크스 코가 훼손되었다는 것이다. 성상聖像을 부정하는 수피즘의 입장에서 볼 때 인간의 얼굴을 한 괴물 스핑크스의 모습은 탐탁지 않았을 것이다. 특히나 강경한 입장의 알-다르로서는 사람들이 스핑크스를 신앙의 대상으로 삼는 게 참기 어려웠을 것이다. 무너진 코 주위에서 끌 자국이 발견된다는 사실은 이 해석에 힘을 실어 준다.

나폴레옹은 군사 전쟁과 지식 전쟁을 동시에 이끈 지도자였다. 그의 영향은 프랑스 주변에 머물지 않고 세계로 파급되었다. 고대 오리엔트 세계를 상징하는 괴물을 제압하는 서구 문명세계의 영웅 나폴레옹은 후대의 유럽인들이 갈망했던 이미지였을 것이다. 그러나 신화는 신화일 뿐이다. 역사적 진실은 그보다 훨씬 단순했을 뿐, 사람들이 기대한 만큼 극적이지 않았다.

12

인간의 탐욕이
낳은 가장
잔인한 무역품

**1,600만 명의
아프리카인 노예,
아메리카로
팔려 나가다**

그림 12-1
●
고드프리 메이넬,
「알바네스 호의 노예 선실」,
1846년.

좁은 공간에 옷을 거의 걸치지 않은 흑인들이 가득하다. 나무 바닥과 기둥, 그리고 위쪽에서 내려오는 빛줄기로 볼 때 선박의 갑판 아래 풍경 같다. 나무통과 다른 화물들 사이사이로 흑인들이 자리 잡고 있다. 아프리카에서 아메리카 대륙으로 향하는 노예 운반선의 전형적인 모습일 것이라고 추측해 봄직하다. 실제로 이렇게 설명을 붙여 놓은 역사책도 여럿이다. **이 추측은 맞을까? 이 배는 과연 어디로 향하고 있는 걸까?**

그림 12-1을 자세히 보자. 의자나 침대는 보이지 않고 천장이 낮은 공간에 흑인들이 가득 차 있는 것을 보면 노예선임은 분명해 보인다. 그러나 자세히 보면 이들은 대부분 이런저런 자세로 누워 있거나 앉아서 옆 사람과 이야기를 나누고 있다. 뒤쪽으로는 두 손을 쳐들고 있는 이의 모습도 보인다. 아무도 손발과 목이 족쇄로 묶여 있지 않은 채 모두가 대체로 자유로워 보인다. 참혹한 환경으로 악명 높은 노예 무역선의 전형적인 모습과는 거리가 있다. 이 그림은 어떤 상황을 묘사하고 있을까?

그림 12-2 윌리엄 터너, 「노예선」, 1840년.

우선 노예 무역선을 묘사한 다른 그림을 보자. 그림 12-2는 영국의
유명 화가 윌리엄 터너가 1840년에 그린 「노예선」이다. 이 그림에는 '다
가오는 폭풍 앞에서 죽은 자와 죽어 가는 자를 배에서 던지는 노예 상인
들'이라는 부제가 붙어 있다. 멀리 배가 파도에 흔들리는 모습이 보이고,
그 앞쪽으로 바다에 빠져 물고기 밥이 되고 있는 검은 팔다리와 이들을
묶었던 족쇄가 보인다.

이 그림은 1783년에 세간을 떠들썩하게 했던 한 사건을 배경으로

그림 12-3 노예들을 묶은 사슬과 물고기 밥이 된 노예의 모습, 「노예선」(부분).

했다. 1781년 흑인노예 400명을 싣고 아프리카를 떠나 멀고 먼 중간항로Middle Passage를 따라 서인도로 가던 종Zong 호에서 항해 도중에 질병이 돌았다. 질병과 영양 부족으로 60명 이상이 죽었고 많은 노예들이 병에 걸린 상황에서 선장과 선원들은 지극히 잔인한 결정을 내렸다. 사망자와 환자 132명을 모두 바다로 내던져 버린 것이다. 이는 상륙한 후에 사망하거나 항해 중 사망한 노예에 대해서는 보험금이 지급되지 않지만, 항해 중에 다른 '화물'(즉 노예)을 구하기 위해 바다에 던져진 노예에 대해서는 보험금이 지급되기 때문이었다. 2년 후 선박 소유주와 보험회사 간의 법적 분쟁 과정에서 이 사건의 진실이 세상에 알려졌고, 사람들은 생명보다 경제적 이익을 앞세운 인간의 잔혹함에 분노하면서 노예무역 금지에 동정적 태도를 보이게 되었다.

그런데 그림의 제작 연도가 1840년인 점이 눈에 띈다. 여기서 노예제 금지의 역사를 살펴볼 필요가 있다. 영국은 대항해 시대 이래 아프리카에서 노예를 가장 많이 아메리카로 송출한 나라 중 하나였다. 그러나 18세기 후반 노예들의 비참한 상황이 여론을 자극하면서 노예무역 폐지 운동이 일어났고, 윌리엄 윌버포스William Wilberforce, 1759~1833와 같은 열 정적인 운동가들의 노력으로 마침내 1807년에 노예무역 폐지법이 제정 되었다. 그러나 아메리카 대륙에서는 노예제가 계속 유지되었기 때문에 노예무역을 실질적으로 뿌리 뽑기는 어려웠다. 이에 노예제 자체를 폐 지하자는 운동이 전개되었고, 마침내 1838년에 영국은 서인도제도의 노 예를 풀어 주는 노예 해방령을 제정했다.

그렇다면 터너는 왜 1840년에 노예선 그림을 발표했을까? 1838년 이후에도 노예제가 근절된 것이 아니었음을 상기할 필요가 있다. 영국 해군은 다른 국가의 노예선을 단속하여 노예 해방의 임무를 수행했다. 그런데 노예선이 항구에 정박해 있을 때에는 단속할 권한이 없었기 때문 에 노예선이 출항하기를 기다렸다가 단속에 나섰다. 이에 노예 상인은 단속을 피하고 손실을 줄이기 위해 노예들을 바다로 밀어 넣는 일이 드 물지 않게 발생했다. 결국 영국 해군의 무리한 단속과 노예 상인의 탐욕 이 여전히 노예를 죽음으로 몰아 가고 있는 현실을 터너는 고발하고자 했던 것이다.

1791년 영국의 노예 무역선 리커버리 호의 선장 존 킴버는 서아프 리카에서 약 300명의 흑인 노예를 싣고 카리브 해로 항해를 떠났다. 그 역시 악명 높은 중간항로를 따랐는데, 몸을 좌우로 돌리기도 힘든 비좁 은 공간과 비위생적인 '선적' 환경 탓에 질병이 돌고 사망자가 발생하기

그림 12-4 아이작 크룩섕크, 「노예무역 금지」, 1792년.

쉬웠다. 이런 사태를 피하기 위해 킴버 선장은 노예들에게 일어나서 춤을 출 것을 명령했다. 두 명의 어린 여자 노예가 부끄러워 춤추기를 꺼리자 선장은 기분이 상했다. 그는 소녀들에게 무자비하게 채찍을 휘둘렀고 결국 이들은 죽음에 이르렀다. 아이작 크룩섕크의 그림 12-4는 사악한 웃음을 지으면서 채찍을 들고 서 있는 킴버 선장을 묘사한다. 이후 킴버 선장은 살인죄로 기소되어 재판을 받았지만 결국 무죄로 석방되었다. 하지만 역사는 이미 변화의 바람을 타고 있었다. 불과 10년 전에 발생한 종 호 사건에서는 노예들을 수장시킨 이들이 살인죄로 기소되지 않

그림 12-5 새뮤얼 허친슨, 「노예 매매」, 1793년.

앞지만, 이제는 적어도 노예 살해 행위가 살인죄에 해당한다는 점이 명확해졌다. 그만큼 노예에 대한 사회적 인식이 바뀌고 있었다.

새뮤얼 허친슨이 그린 그림 12-5도 잔인하고 슬픈 사연을 안고 있다. 그림에는 검은 피부의 여성이 백인 남성들 사이에서 노예로 거래되는 모습이 묘사되어 있다. 서인도를 항해하다가 조난당한 영국인 잉클은 야리코라는 원주민 여인의 도움으로 구조되었다. 그들은 서로에게 마음이 끌려 몇 달간 함께 숲속에서 지내다가, 이후 지나가는 배에 발견되어 바베이도스로 옮겨지게 되었다. 이때 잉클은 안면을 바꾸고 본색을 드러내서 야리코를 노예로 팔아넘기려 했다. 야리코는 자신이 잉클

비주얼 경제사

의 아이를 임신하고 있다고 울면서 호소했지만, 잉클은 오히려 노예 상인에게 아이가 있으니 돈을 더 내라고 요구했다. 이 이야기는 런던에서 연극 무대에 올라 노예무역 반대운동을 확산시키는 데 일조했다.

노예무역으로 아프리카를 떠나야만 했던 흑인은 몇 명이나 되었을까? 역사가들의 추계에 따르면, 대항해 시대부터 19세기 말까지 아프리카에서 대서양을 건너 아메리카에 도착한 노예는 적어도 1,100만 명에 이른 것으로 보인다. 이들 가운데 80퍼센트 이상은 중간항로를 통해 수송되었다. 험난한 항해 도중에 사망한 노예가 10~20퍼센트에 달했을 것으로 추정된다. 따라서 아프리카를 떠난 인구는 1,100만 명을 훨씬 상회했다. 그 이전에 포로가 되거나 유괴되는 과정, 그리고 수감되어 있는 동안에 목숨을 잃은 이도 적지 않았다. 실로 엄청난 숫자의 아프리카 인구가 유럽과 아메리카의 백인들에게 경제적 이익을 제공하기 위해 끔찍한 재난을 겪어야만 했던 것이다.

이제 그림 12-1로 돌아가 보자. 화가는 영국의 해군 장교인 고드프리 메이넬이고, 제작 연도는 1846년이다. 그림의 제목은「알바네스 호의 노예 선실」이다. 알바네스 호는 라틴아메리카로 노예를 운반하는 브라질 무역선이었다. 그림 12-1은 1845년에 영국 해군이 이 노예 무역선을 나포하여 노예들을 아프리카 서안으로 되돌려 보내는 모습을 묘사했다. 이제 배에 탄 이들이 왜 편안한 자세로 있었는지 알 만하다.

앞에서 이야기한 것처럼 19세기 전반은 노예제를 폐지할 것이냐 존속시킬 것이냐를 놓고 뜨거운 논쟁이 벌어진 시기였다. 영국이 폐지론

그림 12-6 A. 듀코트, 「해방된 검둥이」, 1833년.

에 앞장을 섰으며, 이어서 스페인령 아메리카에서도 노예무역과 노예제에 반대하는 움직임이 일어났다. 나폴레옹 전쟁으로 아메리카에 대한 스페인의 통제력이 약화되자 아메리카 여러 지역이 독립을 쟁취할 기회를 얻게 되는데, 이때 노예제 폐지도 논의된 것이다. 이 과정에서 스페인 국왕은 1820년 모든 스페인령에서 노예무역을 금지시켰다. 그러나 노예제 자체는 그 후로도 오래 존속했다. 그림 12-1이 제작된 1840년대 중반에는 라틴아메리카에서 여전히 노예제가 유지되고 있었다. 노예를 생산 수단으로 삼고 있었던 많은 백인 농장주와 광산주는 노예제를 포기하려 하지 않았다.

노예제를 옹호하는 분위기를 A. 듀코트가 캐리커처 형태로 제작한 그림 12-6에서 찾아볼 수 있다. 뼈가 앙상한 노쇠한 흑인이 날벌레를 보고 칼을 뽑아들고 쫓아가면서 '음식!!!'이라고 중얼거린다. 이 그림은 노예 신분에서 해방된 늙은이를 묘사한 것으로, 노예제 폐지가 서인도의 경제적 붕괴를 낳아 결국 노예들이 굶어죽게 될 것이라고 주장한다. 노예제의 당위성을 역설하는 목소리는 참으로 끈질겼다. 미국에서조차 노예제가 폐지된 것이 남북전쟁 시기인 1863년으로, 링컨 대통령의 노예 해방 선언 이후라는 사실이 새삼 떠오른다. 19세기 중반 노예제 폐지에 대한 반대 움직임은 노예제가 존재했던 지구상의 모든 지역에서 완강하게 이어졌다. 그러나 이런 돌부리에 멈췄다가도 역사의 수레바퀴는 노예제의 폐지를 향해 끊임없이 굴러가고 있었다. 비록 충분히 빠르지는 않았지만 말이다.

13

석탄과
기계 시대의
재해

**산업혁명 시기,
산업재해는
이렇게 일어나고
이렇게 극복되었다**

그림 13-1
●
토머스 롤런드슨,
「하층민들의 특징 시리즈」, 1820

런던의 한 주택가에 한 어른과 두 아이가 줄을 지어 걸어가고 있다. 세 사람 모두 등에 부대를 메고 있으며 손에 솔이나 부삽을 들고 있는 허름한 행색이다. 특히 잿빛의 칙칙한 옷차림이 눈길을 끈다. 이들은 얼굴과 다리조차 짙은 회색빛이다. **이들은 과연 누구일까?**

이 그림은 19세기 초반 영국에서 삽화가로 명성이 높았던 토머스 롤런드슨Thomas Rowlandson, 1756~1827의 작품이다. 그는 하층민의 생활상을 해학과 풍자를 곁들여 묘사하는 데 탁월한 솜씨를 보였다. 등장인물들의 정체를 알려주는 직접적인 힌트는 그림의 왼편 윗부분에 있다. 솔과 부삽을 든 채 굴뚝 위로 상체를 내밀고 있는 사람 말이다. 그림 속의 주인공들은 바로 굴뚝청소부다. 이들은 지금 거리를 돌아다니며 목소리를 맞추어 "뚫어!"를 외치는 중이다.

굴뚝을 정기적으로 청소해야 하는 이유는 연료로 석탄을 사용하기 때문이었다. 런던의 경우 1666년 대화재로 1만3천여 채의 가옥이 잿더미가 된 후 벽돌을 주 재료로 재건축하는 과정에서 땔나무 대신 석탄을 쓰는 가구가 크게 늘어났다. 런던보다 속도가 더뎠을 뿐 다른 도시들에서도 석탄을 쓰는 가구가 점차 많아졌다. 석탄 연기가 잘 빠져나가게 하려면 굴뚝 내부를 좁게 만들어야 했다. 따라서 청소 작업은 몸집이 작은 아이들에게 맡겨졌다. 당시 영국에서는 각 마을(교구)이 가난한 아이들에게 기술을 익힐 자리를 알선해 주는 '교구 도제' 제도가 널리 퍼져 있었는데, 이 제도를 통해 돈 없고 기댈 곳 없는 빈민 아동은 굴뚝청소 도제로 들어가곤 했다.

굴뚝청소는 사고 위험이 큰 작업이었다. 아이들은 좁디좁은 굴뚝을 오르내리며 검댕을 떼어 내고 가루를 쓸어 담아 밖으로 빼냈는데, 공기가 통하지 않아 질식하기도 했고, 엉킨 옷가지에 목이 조이기도 했다. 굴뚝이 뜨거운 상태에서 작업하다 화상을 입기도 했고, 굴뚝이 약해 무너지는 경우도 있었다. 그림 13-2를 통해 아동 노동 여건이 얼마나 열악했는지 쉽게 상상할 수 있다. 굴뚝을 청소하는 아이들이 어떤 자세를 취해야 했는지, 그리고 이런 자세가 얼마나 위험했는지를 여실히 보여 준다.

굴뚝청소부 아이들은 사고뿐만이 아니라 직업병의 위험에도 노출되어 있었다. 팔꿈치와 무릎에 난 상처가 감염되어 악화되는 것은 물론이고, 검댕 탓에 각종 암의 발병률도 높았다. 아이들은 장시간 노동, 비위생적 환경, 영양 실조 탓에 건강 악화를 피하기 어려웠다.

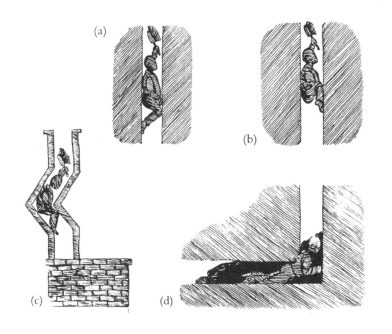

그림 13-2 굴뚝청소의 모습, 1934년. (a)는 기본자세, (b)는 위아래로 오르내리는 방법, (c)는 구부러진 굴뚝을 통과하는 방법, (d)는 검댕이 쌓인 모서리에서 사고가 나는 모습이다.

더욱 본격적으로 사고와 직업병의 문제가 불거진 것은 산업혁명 시기를 거치면서였다. 노동자들은 공장이라는 낯선 환경에서 장시간에 걸쳐 고된 일을 했다. 환기시설이 형편없고 햇빛이 들지 않은 공장 안에서 수많은 동력기계와 공작기계가 아무런 안전설비 없이 굉음을 내며 엄청난 속도로 돌아갔다. 순간의 실수로 손발이나 머리카락이 기계에 빨려 들어가는 일이 비일비재했다. 오히려 사고가 나지 않는다면 이상할 지경이었다.

산업혁명을 대표하는 방적공장의 경우 기계화가 진전되면서 남성의 근육보다 섬세한 여성의 손놀림이나 기계 사이로 오가면서 끊어진 실을 잇는 아동의 민첩함이 필요했다. 여성과 아이들은 성인 남성에 비해 임금이 낮고 규율을 강제하기도 쉬웠기 때문에 공장주들의 환영을 받았다. 여성과 아동 노동자들은 폐 질환, 근골격계 질환, 감염성 질환에 시달렸는데, 모두 열악한 노동 조건과 관계가 깊은 질병들이었다.

광산도 마찬가지였다. 석탄과 각종 광물을 캐기 위해 수많은 광부들이 칠흑같이 어둡고 비좁고 무덥고 습한 갱도 안에서 분진이 가득한 공기를 들이마시며 일했다. 채굴량이 증가하면서 갱도가 점점 깊고 복잡해지자, 몸집이 작은 아이들이 더 많이 고용되었다. 당시 여성과 아동 광부들의 노동 실태를 조사한 의회보고서에는 이들이 얼마나 많은 위험에 노출되었는지를 보여 주는 사례가 가득하다. 광부들은 석탄덩이 운반 차량에 치이고, 무너지는 갱도 천정에 깔리고, 수직갱도에서 추락하는 사고를 겪었다. 시력이 손상되기도 했고, 폭발 사고로 수백 명의 광부가 한꺼번에 목숨을 잃기도 했다. 석탄 분진을 호흡해 생긴 진폐증은 일을 그만둔 이후까지도 평생을 따라다니며 이들을 괴롭혔다.

철도업도 산업재해가 빈발한 분야였다. 최소한 수십 명, 많으면 1백 명이 넘는 사망자를 내는 대형 철도 사고가 한 해 걸러 한 번꼴로 발생했다. 당시 신문 지면은 피비린내 나는 사고 현장에 대한 묘사로 가득 차는 경우가 잦았다.

그림 13-3 「블랙컨트리의 탄광을 방문한 섀프츠버리 경, 1840~42년」, 「더 그래픽The Graphic」, 1885년.

　　노동조건을 개선해야 한다는 목소리는 공장주들의 반대에 번번하게 부딪혔다. 공장주들에게 환기시설 설치, 안전장비 착용 권고, 노동시간 축소, 휴식 여건 개선은 모두 돈이 더 드는 일, 즉 이윤 극대화를 방해하는 요인이었다. 질 좋은 노동환경을 갖추려고 노력한 공장주가 없었던 것은 아니지만, 이는 소수에 불과했고 사회적 차원의 해결책에 대한 고민은 턱없이 부족했다.

　　그러나 개혁을 꿈꾸는 사람들의 주장은 점차 시민들의 호응을 얻었다. 개혁가들은 협회를 조직하고, 안내 책자를 발간하고, 강연회를 열고, 의회에 조사와 입법을 요구하면서 동조 세력을 확대해 갔다. 그림 13-3은

그림 13-4 조지 핀웰, 「죽음의 진료소」, 1866년.

대표적인 개혁가였던 섀프츠버리 경Lord Shaftesbury, 1801~85이 영국 중부 공업지대인 블랙컨트리Black Country에서 일하는 아동 광부를 방문한 장면을 묘사하고 있다. 낮고 깜깜한 갱도에서 윗옷을 벗은 채 석탄덩이를 가득 실은 수레를 허리에 묶어 옮기는 아이의 처참한 모습에 놀라는 기색이다. 섀프츠버리 경과 같은 개혁가들의 노력이 더해져 노동 조건을 개선하려는 움직임은 서서히 동력을 키워 갔다.

한편 노동 조건이 개선된다 하더라도 노동자들의 거주 여건이 비위생적이라면 부상과 직업병은 악화되기 십상이었다. 특히 공장지대가 새로 형성된 곳은 난개발 탓에 부실공사, 비싼 임대료, 그리고 취약한 상하수도 시설로 악명이 높았다. 그림 13-4는 조지 핀웰이 그린 「죽음의 진료소」라는 작품이다. 여기에는 '가난한 이들에게 교구가 무료로 제공함'이라는 부제가 붙어 있다. 1854년에 런던 소호에서 콜레라가 발생했는데, 초기에는 원인을 찾지 못해 희생자가 크게 증가했다. 그러나 개혁적의사들의 끈질긴 노력으로 인근 브로드 가街의 공중수도 펌프가 병의 진원지임이 밝혀졌다. 이 그림은 공중시설이 치사율 높은 감염병의 원인이었다는 사실을 강조하는 일종의 계몽 포스터다.

인류가 석탄과 기계를 사용하기 이전에도 재해는 존재했다. 농장, 가내수공업장, 마차와 배에서 재해는 끊임없이 발생해 왔다. 그러나 공업화는 재해의 성격을 근본적으로 바꿔 놓았다. 소수로 작업하던 시절에는 함께 일하는 사람들이 작업의 성격과 잠재적 위험에 대해 잘 알고 있었다. 따라서 사고가 발생하면 개인의 잘못 혹은 운명의 소관이라고 여기곤 했다. 그런데 공장과 광산의 규모가 커지고 철도와 같은 대형 운송 수단이 도입되면서, 많은 노동자들의 작업이 서로 밀접하게 연계되고 작업 공간이 확장되기 시작했다. 따라서 개인의 과실보다 다른 노동자의 실수나 시스템 문제로 재해를 입는 사례가 많아졌다. 이것이 재해가 개인적 차원에 머물지 않고 본격적인 '산업재해'로 변모하게 된 계기였다.

19세기 중반 이후 산업재해에 대한 인식이 퍼졌다. 이제 업무상 발생한 사고와 직업병에 대해 과거처럼 노동자 개인에게 책임을 묻기 어려워졌다. 대규모 재해가 발생할 때마다 피해자에 대한 동정심과 사고 방지책에 대한 요구로 여론이 들끓었다. 예전에는 재해를 당한 노동자가 고용주의 개인적 선의와 자선단체의 빈민구호에 의지하거나 심지어 운이 없으면 아무런 도움을 받지 못하곤 했지만, 이제 고용주에게 정식으로 피해 보상을 요구할 수 있다는 인식이 확산되었다.

법정에서의 판결도 점차 고용주의 책임을 인정하는 방향으로 변해갔다. 19세기를 거치면서 결집력이 커진 노동조합에서는 돈 없는 조합원에게 소송에 필요한 비용과 정보를 제공했다. 여러 정치가, 사회운동가, 종교 지도자들이 산업재해 실태조사를 실시하고, 안전장치 의무화와 보상 강화를 입법화하는 데 힘썼다. 인기 소설가 찰스 디킨스와 같은 이는 대중 강연을 통해 이런 움직임에 힘을 보탰다.

산업재해에 대한 대응책을 마련하는 노력은 공업화된 국가들에서 공통적으로 나타났다. 그중에서도 공업화의 출발이 늦었지만 철강, 기계, 화학, 전기 등 중화학 공업을 중심으로 급속한 공업화에 성공한 독일

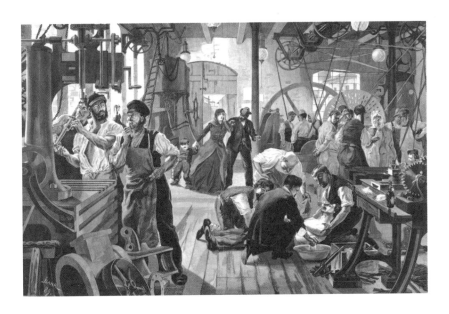

그림 13-5 요한 바, 「공작기계 사고」, 1890년.

이 가장 적극적이었다. 그림 13-5는 그런 공장 가운데 한 곳을 보여 준다. 1890년 베를린에서 개최된 '독일 재해방지 대박람회'에 전시되었던 요한 바의 목판화 작품이다. 공작기계가 설치된 공장에서 사고가 발생하여 부상자가 바닥에서 응급처치를 받고 있고, 놀란 아내와 아이가 환자 쪽으로 걸어오고 있다. 다른 노동자들은 기계를 살펴보며 사고의 원인이 무엇인지 서로 논의하고 있다. 대규모 공장은 이렇듯 위험이 상존하는 곳이었다.

　독일에서 노동자 수가 급증하면서 노동조합의 규모와 활동력이 증가하고 사회주의 운동이 대두하자, 비스마르크 총리는 1871년 고용주보상책임법을 제정하고 이어서 1884년에 산재보험 제도를 마련하는 등 적극적인 산업재해 대응 정책을 폈다. 재해를 줄이고 피해구제를 보장하는 제도는 이렇듯 노동자의 과실 여부와 상관없이 재해의 책임을 개인에서 고용주 및 사회로 전환함으로써 이루어졌다. 한편 영국은 공업화를 가장 먼저 경험했지만, 자유방임주의와 개인적 자선의 전통이 강했던 탓에 공적제도의 마련이 독일보다 늦었다.

산업재해에 대한 독일식 대응 체제는 곧 다른 국가들에게 전파되었다. 1910년까지 서구 20개국이 산재보험 제도를 갖추게 되었고 일본, 타이완, 싱가포르 등 아시아 국가들도 1940년 이전에 이 제도를 도입했다. 제2차 세계대전 이후 독립을 쟁취하고 공업화를 추진한 국가들도 순차적으로 산업재해 관련 입법을 정비했다.

안전은 인간이 인간다운 삶을 영위하는 데 가장 기본적인 요소다. 특히 일생의 많은 시간을 보내는 일터에서 안전이 행복의 필수조건임은 두말할 필요도 없다. 서구 산업사회는 공업화의 과정에서 수많은 산업재해를 입었던 경험을 교훈 삼아 내실 있는 대응책을 마련해 왔다. 오늘날에도 크고 작은 산업재해가 끊이지 않는 우리 현실을 되돌아보지 않을 수 없다. 과연 우리 사회는 노동자들이 일터에서 안전하게 일하며 행복을 추구할 수 있는 기반을 제대로 갖추고 있는가?

영국의
'3중 전성시대'

**만국박람회,
산업혁명을
유럽 전역에
확산시키다**

제복을 갖춰 입은 두 남자, 머리에 티아라를 하고 화려한 복장을 한 여인, 그리고 꽃다발을 든 아기가 묘사되어 있다. 벨벳으로 싸인 가구도 대리석 기둥도 모두 고급스럽다. 아기를 안고 있는 여인에게 머리칼이 하얀 남자가 귀한 장식함을 바치고 있다. 인물들은 하나같이 근엄한 표정을 짓고 있다. 심지어 아기의 표정도 비현실적으로 어른스럽다. 마치 아기 예수를 찾아온 동방박사 그림과 느낌이 흡사하다고나 할까? 이 점잖고 우아한 분위기의 그림에 표현된 인물들은 누구일까? 그리고 이 그림은 어떤 장면을 묘사하고 있을까?

이 기품 넘치는 그림을 그린 화가는 독일 출신인 프란츠 빈터할터Franz X. Winterhalter, 1832~85다. 그는 독일과 이탈리아에서 미술을 공부한 후 프랑스에서 궁정화가로 활동했다. 유럽 각국의 왕족들에게 초상화를 그려 달라는 요청이 끊이지 않을 정도로 범유럽적 인기를 누린 화가였다. 그림 14-1은 19세기 중반 초강대국이었던 영국의 왕실을 묘사한다. 아기를 안고 있는 여인은 대영제국의 수장인 빅토리아 여왕이고, 그 왼편에 서 있는 남자는 남편인 앨버트 공이다. 금슬이 좋았던 두

그림 14-2 조지프 내시, 「인도관 전경」, 「디킨슨Dickenson의 1851년 대박람회총람집」, 1854년.

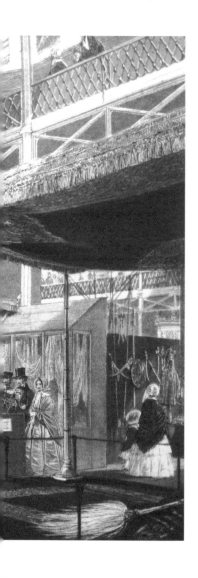

사람은 많은 자식을 두었는데, 그림 속의 아기는 일곱째 아들인 아서 왕자다. 머리칼이 하얀 남자는 과거 워털루 전투에서 나폴레옹의 군대를 격파한 맹장 웰링턴 공이다. 빅토리아 여왕은 유럽의 다른 군주들과 마찬가지로 빈터할터의 솜씨를 높이 평가하여, 1842년부터 20년에 걸쳐 그에게 왕족의 초상화를 그려 달라고 자주 요청했다고 한다.

그림의 제목은 「1851년 5월 1일」이다. 이 날짜가 그림의 주제를 말해 준다. 이날은 아서 왕자의 첫돌이자 동시에 웰링턴 공의 82번째 생일이었다. 웰링턴 공은 아서 왕자의 대부代父이기도 했다. 그림에서 고령의 웰링턴 공은 아서 왕자에게 장식함을 선물하는 것으로, 그리고 아서 왕자는 웰링턴 공에게 꽃다발을 하사하는 것으로 묘사된다.

그런데 1851년 5월 1일은 영국 역사에서 또 하나의 중요한 기념일이었다. 경제사적으로 본다면 왕자와 고관의 생일보다 훨씬 큰 의미가 있는 날짜다. 과연 무엇을 기념하는 날이었을까? 그림의 배경을 자세히 보면 해답을 찾을 수 있다. 앨버트 공의 눈길이 향하는 왼편을 보면 둥근 지붕의 건물이 눈에 들어온다. 구름을 뚫고 건물을 비추는 햇살이 성스러운 분위기를 자아낸다. 바로 이 건물이 우리가 주목할 대상이다. 이 건물은 1851년에 런던에서 열린 세계 최초의 국제 박람회인 '만국산업대박람회The Great Exhibition of the Works of Industry of All Nations' (이하 대박람회)의 전시장이고, 5월 1일은 바로 이 만국박람회가 개최된 날이었다. 앨버트 공은 박람회 개최를 적극적으로 주도하고 후원한 인물이었다. 화가가 앨버트 공의 시선이 이 건물을 향하도록 그린 것은 이런 관련성을 반영한 것이리라.

박람회의 개관식은 성대하게 치러졌다. 여왕을 위시한 주요 왕족들과 고관대작들이 참석했고, 수많은 외교사절들이 자리를 빛냈다. 오늘날의 국제박람회에서와 마찬가지로 개별 국가들은 자국의 부스에 진귀한 물품들을 전시했다. 그들은 박람회를 자국의 문화적 취향과 기술 수준을 과시하는 현장으로 여기고, 관람객들의 이목을 끌 예술품과 해외에서 들여온 이국적인 물품들을 펼쳐 보였다. 조지프 내시Joseph Nash, 1809~78가 발간한 화보집에서 대표적 사례를 살펴볼 수 있다. 그림 14-2는 박람회의 '인도관' 풍경을 보여 준다. 몸집이 큰 코끼리를 박제하여 전시했고, 코끼리 등 위에 호화로운 하우다(좌석)를 설치했다. 그 왼쪽으로 화려하게 장식된 가마도 보인다. 영국은 이런 종류의 전시품들과 더불어 다른 나라의 전시관에서는 거의 찾아볼 수 없는 동력기계, 공작기계, 운송기계 등 다양한 기계들을 선보였다. 세계 최초로 산업혁명을 이룬 국가로

그림 14-3 조지프 내시, 『디킨슨의 1851년 대박람회총람집』, 1854년.

서 위용을 과시하기에 안성맞춤이었다.

그러나 전시품들보다 관람객의 시선을 더 강렬하게 사로잡은 것은 박람회장 건물 자체였다. 이 건물은 당시의 다른 건물들과는 근본적으로 달랐다. 철골 구조에 판유리를 끼워서 만든, 내부가 훤히 들여다보이는 이런 건물은 불과 몇 년 전까지 세상에 존재하지 않았던 건축물이었다. 언론에서는 이 건물에 '수정궁Crystal Palace'이라는 별명을 붙여주었다. 조지프 팩스턴이 설계한 이 건물은 좌우가 564미터, 앞뒤가 139미터였고, 높이가 41미터에 달하는 엄청난 규모였다. 더 놀라운 점은 건물의 혁신적 구조에 있었다. 1,000개 이상의 주철 기둥 위로 2,000개 이상의 격자 대들보가 놓이고 총 45킬로미터에 이르는 철골로 건물의 세부적 틀이 갖추어졌다. 여기에 18,000장의 판유리를 설치함으로써 건물을 완성했다. 박람회 개관식을 묘사한 그림 14-3에서 관객이 느꼈을 시각적 전율을 공감할 수 있다.

팩스턴은 어떻게 이런 구조물을 구상하게 되었을까? 흥미롭게도 그의 아이디어는 멀리 남아메리카에서 자생하는 한 식물에서 출발했다. 서구 열강들이 해외로 진출하면서 지구 곳곳의 자연에 대한 지식도 축적해가던 시절이었다. 1830년대에 유럽에 처음 알려진 남아메리카의 수련한 종류가 곧 정원사들에게 각별한 인기를 끌었다. '빅토리아 아마조니카Victoria Amazonica'라고 명명된 이 수련은 다 자라면 잎의 지름이 3미터나 되었는데, 더욱 놀라운 사실은 물에 뜬 잎의 부양력이 대단히 커서 그 위에 어린아이가 올라설 수 있을 정도였다는 점이다. 팩스턴은 데번셔

비주얼 경제사

그림 14-4 『일러스트레이티드 런던 뉴스』에 실린 초대형 수련. 1849년.

공작의 대저택인 채츠워스 하우스의 정원 책임자로서, 수입 식물을 기르는 온실에서 이 수련을 잘 키워 꽃을 피게 함으로써 유명해졌다. 그림 14-4는 당시 신문기사에 실린 삽화로, 딸을 수련 잎 위에 올려놓고 자랑스러워하는 팩스턴이 등장한다.

이 식물에 대한 팩스턴의 관심은 여기에서 그치지 않았다. 그는 어떻게 수련 잎이 무거운 아이를 지탱할 수 있는지에 호기심을 느꼈는데, 곧 해답의 열쇠가 잎 뒷면의 구조에 있음을 알아냈다. 수련의 잎 뒷면은 화살 모양으로 깊이 갈라져 있었는데 핵심 뼈대들과 그것을 잇는 가로 뼈대들로 이뤄진 구조가 강한 지지력의 비밀이었다. 팩스턴은 세계박람회장 공모전에 이런 구조에서 얻은 아이디어를 바탕으로 설계안을 제출했다. 심사위원들은 그의 설계안이 산업혁명을 성공적으로 이룬 영국의 기술적 성취를 보여 주기에 가장 적합한 혁신적 디자인이라고 평가했다. 그뿐만 아니라 공사비와 공사기간 면에서도 전통적 건축물을 압도하는 경제성을 보였으므로 당연히 그의 안이 채택되었다. 수정궁은 단지 영국의 공업 생산력을 보여 주는 증거물이 아니었다. 세계 각지의 자연에 대한 지식의 축적과 이를 활용하는 창의적 사고를 보여 주는 증거물이기도 했다. 지식과 기술의 세계화가 낳은 긍정적 결과물이었던 셈이다. 팩스턴의 실험적 건물은 대성공이었고, 박람회는 성황을 이루었다. 6개월의 개관 기간에 하루 평균 4만여 명의 관람객이 방문하여 총 6백만 명의 관람객을 기록했다. 당시 영국 총인구의 3분의 1에 해당하는 어마어마한 규모였다.

관람객의 대다수는 영국인이었겠지만, 외국인들도 많았다. 이들은 대부분 박람회를 직접 방문할 만큼 각 나라의 문물에 관심이 크고, 여행할 경제력과 시간이 있는 상류층이었다. 해외 관람객들은 전시품과 전시장만이 아니라 다양한 국가에서 온 관람객에게서도 깊은 인상을 받았을 것이다. 그림 14-5는 이런 국제적 교류의 현장을 보여 준다. 토머스 언윈 Thomas Onwhyn, 1814~86이 그린 이 작품에서 전형적인 영국식 복장을 한 브라운 부부 가족이 전시장에 들어서고 있다. 박람회를 구경하러 멀리 시

그림 14-5 토머스 언윈, 「대박람회를 보러 런던에 온 브라운 부부」, 1851년.

골에서 상경한 이들 곁에는 다양한 국가의 복장을 한 외국인들로 가득하다. 브라운의 딸은 러시아인이 손을 내밀어 인사를 건네자 깜짝 놀란 표정을 지으며 아버지의 옷자락을 붙들고 있다. 왼쪽의 아들은 처음 보는 흑인들의 모습에 화들짝 놀라 카탈로그를 떨어뜨리고 있다.

각국에서 온 관람객들에게 박람회는 엄청난 충격을 안겨 주었다. 그들은 공업화를 이루지 않고는 미래에 강국으로 남을 수 없음을 두 눈으로 확인했다. 이에 따라 프랑스, 벨기에, 독일, 이탈리아, 미국 등 많은 국가들이 공업화에 박차를 가하게 되었고, 나폴레옹 전쟁 이후에 성장한 민족주의적 감정이 국가 간의 경쟁을 부채질했다. 19세기 후반에 세계적으로 유행하여 지금까지 계속되고 있는 만국박람회는 이런 경쟁의 소산이었다. 프랑스의 상징인 에펠탑도 1889년 파리에서 개최된 만국박람회의 출입구 아치로 세워진 것이었다.

이제 그림 14-1로 돌아가 보자. 이 그림은 18세기 후반과 19세기를 거치면서 영국이 누리게 된 전성시대를 3중으로 표현한다. 웰링턴 공은 강력한 경쟁국 프랑스를 누르고 군사강국의 지위에 오른 영국의 성취를 상징한다. 빅토리아 여왕의 다산多産은 대영제국의 번영이 계속 이어지리라는 기대를 보여 준다. 마지막으로, 앨버트 공이 마음을 쏟았던 수정궁은 세계 최초의 산업국가가 탄생했다는 것을 상징했다. 이는 단지 막강한 공업생산력뿐 아니라, 멀리 남아메리카의 야생 식물에서 힌트를 얻어 완전히 새로운 종류의 건축물을 창조해 내는 지식기반경제의 탄생을 보여 주는 신호탄이었다.

15

아일랜드인의 운명을 바꾼 '악마의 식물'

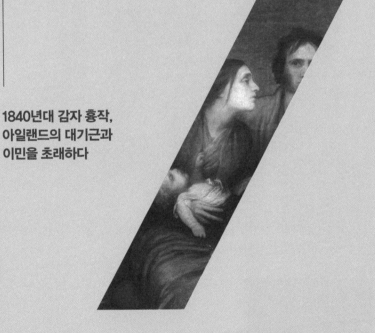

**1840년대 감자 흉작,
아일랜드의 대기근과
이민을 초래하다**

그림 15-1
● 어스킨 니콜, 「밖으로」,
1854년.

남루한 옷차림의 사내가 괴나리봇짐을 어깨에 멘 채 서 있다. 낡고 찌그러진 모자와 곳곳이 해진 외투가 눈에 들어온다. 사내는 허름한 담벼락에 붙어 있는 벽보를 응시하고 있다. 그가 있는 이곳은 어디일까? 또 그는 무엇을 읽고 있으며, 무슨 생각을 하고 있을까?

　　화가 어스킨 니콜Erskine Nicol, 1825~1904은 스코틀랜드 출신이지만 스무 살 때인 1845년부터 5년 동안 아일랜드 더블린에서 살았다. 이 시기는 아일랜드에 전례 없는 대기근이 일어나 엄청나게 많은 사람들이 말하기 힘든 고통을 겪던 때였다. 니콜은 이후 자신이 목격한 아일랜드인들의 고난을 화폭에 담는 데 힘을 기울였다.

　　그림 15-1은 「밖으로Outward Bound」라는 작품이다. 벽보를 보면 우선 '뉴욕'이라는 지명이 눈에 들어온다. 그림의 주인공은 뉴욕으로 향하

는 여객선의 광고를 살펴보고 있다. 오른편 배경에 보이는 건물은 더블린에 위치한 세관이다. 사내가 있는 곳은 바로 더블린의 부둣가다. 벽보를 자세히 보면, 선박회사 이름이 '샴록라인Shamrock Line'임을 알 수 있다. 샴록은 클로버의 잔가지를 지칭하는데, 이것도 아일랜드와 관련이 깊다. 아일랜드의 수호성인 성패트릭이 5세기에 대중에게 삼위일체의 개념을 설명하기 위해 세 잎 클로버를 사용했다는 이야기가 진래되면서 훗날 샴록은 아일랜드의 상징이 되었기 때문이다. 이제 그림의 맥락이 분명해졌다. 가난에 찌든 아일랜드 사내가 새 삶을 꿈꾸며 미국으로 이민을 갈지를 고민하고 있다. 그는 꿈을 이룰 수 있었을까? 화가는 현실이 녹록지 않다는 점을 보이고 싶었는지, 주화 한 닢만 쥔 사내의 손을 보여 주고 있다. 낯선 이역만리로 떠나는 뱃삯을 마련하는 것조차 힘들 만큼 가난이 깊었다고 말하고자 했으리라.

이 시기, 아일랜드에서는 무슨 일이 있었던 것일까? 이야기는 스페인 정복자들이 아메리카에서 유럽으로 들여온 감자에서 시작된다. 1570년경에 유럽에 처음 들어온 감자는 곧 서유럽과 중부 유럽에 소개되어 사람들의 호기심을 자극했다. 감자는 척박한 토양과 습한 기후에서도 잘 자랐고, 쟁기와 같은 농기구 없이 삽만으로도 경작이 가능했다. 장기간 보관하기도 쉬웠고 오븐이 없어도 쉽게 조리할 수 있었다. 영양학적 측면에서는 괴혈병을 막는 데 도움이 되었으며, 우유와 함께 섭취해 칼슘과 비타민A를 보충하면 영양 균형도 이룰 수 있었다.

그러나 이런 장점들은 감자가 널리 재배되는 데 영향을 미치지 못했다. 오히려 감자에는 '비천한 계층의 식량'이라는 낙인이 찍혔다. 심지어 감자를 '악마의 식물'로 여기기도 했다. 표면이 거칠고 마마자국 같은 홈이 나 있고 모양이 불규칙하고, 아무리 척박한 땅에서도 대단한 성장력과 번식력을 보이는 감자를 사람들은 불경스럽고 위험한 작물로 보았다. 그래서 상류층은 희고 고운 밀빵을 먹고, 중산층은 검은 호밀빵과 오트밀 죽을 찾고, 선택의 여지가 없는 하층민만 감자를 식량으로 삼는 계층 분화가 발생했다.

유럽에서 대표적으로 저소득층이 많았던 아일랜드에서 감자가 널리 퍼진 것은 우연이 아니었다. 아일랜드는 1801년부터 통합된 연합왕국United Kingdom의 일부로 통치되었지만, 그 이전에도 잉글랜드의 직간접적 영향 하에 놓여 있었다. 지주들은 농민들에게 땅을 빌려 주고 지대를 받아 갔는데, 18세기를 지나면서 중개인이 이들 사이에 끼어들었다. 중개인은 지주에게 고정된 지대를 내고 농지를 임차한 후 이를 작은 단위로 쪼개 농민들에게 높은 지대를 받고 재임대하여 이득을 챙겼다. 대지주들은 중개인에게 경지 관리와 지대 수취를 일임하고, 자신이 소유한 경지를 거의 방문하지 않는 경우가 늘어났는데, 이들 가운데 상당수는 잉글랜드에 사는 부재지주不在地主였다. 농민들에게 부과된 지대는 점점 높아졌고, 이를 내지 못한 농민은 땅에서 쫓겨났다.

이런 여건에 있었던 아일랜드인들에게 감자는 안성맞춤의 식량원이었다. 아무 땅에서나 잘 자라고, 재배가 까다롭지도 않으며, 조리가 간편한 감자는 가난한 가정으로 전파되었다. 상당수의 아일랜드인들은 봄

그림 15-2 어스킨 니콜, 「모로 패디, 돼지를 끌고 어디로 가니?」, "쉿, 쟤들이 듣겠소.
사람들은 내가 킨세일의 장터에 간다고 생각하지만 실은 코크로 가려고 하오", 1855년.

에 텃밭에 감자를 심어 두고, 잉글랜드로 떠나 날품노동자로 일하다가 가을에 돌아와 감자를 수확했다. 그러지 않고서는 가계 경제를 유지할 수가 없었다. 1840년대에 아일랜드 인구의 40퍼센트가 감자에만 의존해 살았고, 1인당 연평균 1톤이 넘는 감자를 소비했다고 한다.

어스킨 니콜의 그림을 한 점 더 보자. 그림 15-2는 앞선 그림과 마찬가지로 감자 기근 시절, 아일랜드인들이 처한 상황을 보여 준다. 누추한 차림의 사내가 돼지 두 마리에게 감자껍질을 먹이고 있다. 곧 손에 든 끈으로 돼지를 묶을 생각이다. 부유한 차림의 신사가 돼지를 끌고 어디로 가려느냐고 묻자, 사내는 손을 입가에 대고 작은 목소리로 대답한다. "사람들은 내가 킨세일의 장터에 간다고 생각하지만 실은 코크로 가려고 하오." 그는 코크의 시장에 돼지를 내다 팔 생각인데, 그동안 키워 온 정든 돼지들에게 마지막 '만찬'을 허락하면서 혹여 이들이 들을까 봐 소리를 낮춰 이야기하는 중이다. 가난하지만 마음이 따뜻하고 세심한 인물이다. 그런 그가 돼지에게 줄 수 있는 최고의 음식이 감자껍질일 만큼 경제사정은 어렵다. 코크는 수많은 아일랜드인들이 해외로 떠날 때 거쳐 간 항구도시였다. 이 사내도 돼지를 팔아 얻은 돈을 이민 비용으로 쓸 요량인 듯하다.

그림 15-3은 로버트 시모어Robert Seymour, 1798~1836가 그린 「부재자 the Absentee」라는 작품이다. 그는 이 작품에서 풍요로운 삶을 누리는 부재지주를 묘사했다. 음악과 음식이 넘치는 실내에 주인공 남자가 여인과 함께 앉아 있다. 창밖으로는 나폴리 항구와 베수비오 화산이 보인다.

그림 15-3 로버트 시모어, 「부재자」, 1830년.

해외에 나가서 풍요를 만끽하지만 남자의 마음은 편치 않다. 아일랜드에서 굶어 죽어 간 농민들의 환영이 그를 괴롭히고 있는 것이다. 농민들의 환영과 짝을 이뤄 왼편에 그려진 베수비오 화산의 불기둥이 불길하게 느껴진다. 이렇듯 1845년에 '감자기근'이 발생하기 이전에도 아일랜드인들은 만성적인 빈곤과 간헐적인 기근으로 고통스러운 시간을 보내고 있었다.

　　1845년부터 유럽 전역에 감자마름병이 휘몰아쳤다. 아일랜드가 입은 타격은 엄청났다. 병에 걸린 감자는 식물 전체가 검게 썩어 문드러졌고 그 자리에 곰팡이가 가득 피어났다. 이듬해에도, 그 이듬해에도 병

그림 15-4 조지 프레데릭 와츠, 「아일랜드 기근」, 1850년.

마는 맹위를 떨쳤고, 감자 생산이 격감하는 가운데 사람들은 굶주림으로 신음했다. 엎친 데 덮친 격으로, 영양 부족으로 허약해진 몸에 콜레라와 발진티푸스가 감염됐다. 사망자 수는 속절없이 늘어 갔다. 역사가들은 이 시기에 숨진 인구가 무려 100만 명에 이른다고 추계한다. 전체 인구의 10퍼센트를 훨씬 넘는 수치였다. 조지 프레데릭 와츠George Frederic

Watts, 1817~1904의 그림 15-4는 절망과 비탄으로 가득했을 당시의 분위기를 생생하게 보여 준다. 굶어 죽어 가는 아이를 마냥 지켜볼 수밖에 없는 부모의 타들어 가는 심정이 고스란히 전해지는 듯하다.

이 대재앙을 피할 수는 없었던 것일까? 영국 정부는 기근 초기에 즉각 구호에 나서지 않았다. 식량 배급은 지연되었고, 공공 취로사업은 성과가 미미했다. 무엇보다도 정부가 자유방임주의 정책을 완강하게 고수했다. 정부는 아일랜드산 농산품이 외부로 수출되는 것을 막아 이를 기근 해결에 쓰려 하지 않았다. 당시 아일랜드에서는 감자 이외에 많은 작물이 재배되고 있었지만, 구매력이 없던 아일랜드인들은 식량이 외부로 반출되는 모습을 하릴없이 지켜볼 수밖에 없었다. 이런 상황에서 구호 업무를 총괄하는 임무를 맡은 찰스 트레블리언은 심지어 기근이 "나태한 아일랜드인들에게 교훈을 주려는 하느님의 뜻"이라고 발언했다. 역사적으로 세계의 수많은 기근 사례가 보여 주듯이, 아일랜드에서도 기근의 근본적 원인은 식량의 절대적 부족이 아니라 필요한 사람에게 식량이 돌아가지 못하는 분배 시스템에 있었다.

가까스로 목숨을 건진 이들에게도 미래는 어두웠다. 많은 지주들이 지대를 내지 못하는 농민들을 가차 없이 추방했다. 그래야 납부할 세금을 줄일 수 있었기 때문이다. 추방된 이들은 고향을 떠나 잉글랜드와 스코틀랜드로 일자리를 찾아 떠났다. 더 멀리 미국과 캐나다, 오스트레일리아로 이민을 떠나는 숫자도 급증했다. 기근 기간에 연평균 25만 명에 이르는 엄청난 인구가 새로운 삶의 터전을 찾아 대서양 횡단 여객선

그림 15-5 찰스 스태닐랜드, 「이민선」, 1880년대.

에 몸을 실었다. 이민선의 환경은 무척이나 열악해서 '관선coffin ship'라는 별명을 얻을 지경이었지만, 다른 선택이 없는 이들로서는 죽음의 위험을 무릅쓰고라도 배에 몸을 실을 수밖에 없었다.

19세기 말 내내 수많은 아일랜드인들이 해외에서 삶의 돌파구를 찾아야만 했다. 그림 15-5는 이런 항해를 떠나는 사람들을 묘사한 찰스 스태닐랜드Charles J. Staniland, 1835~1910의 「이민선The Emigrant Ship」이라는 그림이다. 남루한 옷차림을 한 수많은 이민자들이 이미 여객선의 갑판을 빼곡히 채우고 있고 다른 이들은 배에 오르려고 안간힘을 쓰고 있다. 선창에는 가족들이 안타까운 표정으로 작별 인사를 나누고 있다. 배에 오른 사람들 중에는 젊은 남성이 많고, 항구에 남은 사람들 중에는 여성과 어린이, 노인이 압도적이다. 건장해서 일자리를 찾기에 상대적으로 쉬운 청년들이 가족을 남겨 두고 멀고도 험한 대양 항해를 떠난 것이다. 신세계 인구에서 아일랜드 출신 인구가 큰 비중을 차지하게 된 것은 바로 감자 기근에서 시작된 대량 이민의 결과였다.

16

일본 탈아시아
정책의 서막

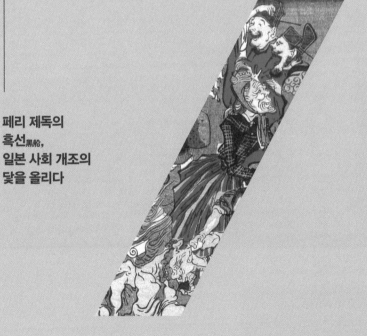

페리 제독의
흑선黑船,
일본 사회 개조의
닻을 올리다

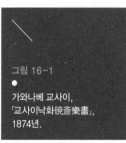

그림 16-1
●
가와나베 교사이,
「교사이낙화暁斎樂畵」,
1874년.

일본의 19세기 목판화에 다양한 인물들이 묘사되어 있다. 오른편 위로 털북숭이 인물이 머리털을 자르고 있고, 왼편 위에는 저울 아래로 문서가 불타고 있다. 조금 더 내려오면 초록색과 빨간색 괴물들을 두건을 쓴 사람들이 둘러싸고는 뿔을 뽑거나 잘라 내고 옷을 강제로 입히기도 한다. 거울을 보면서 망연자실하는 괴물들도 있다. **이 그림은 무엇을 묘사하고 있을까? 화가는 어떤 역사적 현실을 반영해 이 그림을 그렸을까?**

그림 16-1은 일본의 전통적 니시키에錦繪다. 니시키에는 에도 시대에 제작된 다색목판화다. 일본에서는 17세기부터 세속의 풍속을 주제로 한 목판화인 우키요에浮世繪가 발달했는데, 특히 1760년대부터는 색깔별로 목판을 따로 만들어 순차적으로 찍어 내는 방식인 니시키에가 인기를 끌었다. 이런 목판화는 메이지 시대1868~1913에 크게 유행했다. 그림의 단골 소재가 된 것은 특히 해외에서 들어온 새로운 물품과 패션, 철도와 같은 교통수단 등이었다.

이 작품을 제작한 이는 가와나베 교사이河鍋暁斎, 1831~89다. 그는 일본 전통화를 공부했지만, 점차 관습에 얽매이지 않는 자유분방한 화풍을 지향했다. 특히 그는 격식을 무시하고 과장된 표현을 섞은 캐리커처에서 발군의 실력을 과시했다. 일본 문화사에서 특징적으로 발달한 '망가漫畵'의 선구자로 볼 만하다.

그림 16-1을 자세히 들여다보자. 그림이 묘사하는 것은 지옥이다. 털북숭이 인물은 다름 아닌 염라대왕인데, 머리털이 잘리는 상황에 난처한 표정을 하고 있다. 그 앞으로 염라대왕이 벗어놓은 붉은색 도포를 집어 드는 이가 있고, 반대쪽에는 서양식 옷차림을 한 노파가 염라대왕을 위해 양복과 실크해트를 들고 이발이 끝나기를 기다리고 서 있다. 왼편의 저울은 저승에 온 자가 생전에 지은 죄의 무게를 재는 도구이며, 그 아래 불타고 있는 문서들은 죄상을 기록한 자료다. 괴물들은 염라대왕을 보좌하는 역할을 했을 텐데 이제는 뿔이 잘리고, 염라대왕과 마찬가지로 전통 복장 대신에 서양 옷을 강제로 입어야 한다. 괴물들 가운데 일부는 거울을 들여다보는데, 뿔 잘린 볼품없는 얼굴만 확인할 뿐이다. 이 거울은 죽은 자의 생전 행동을 보여 주는 업경業鏡인데, 몸뚱이조차 양복에 가려져 거울에 비치지 않는다.

화가는 지옥도를 희화화함으로써 자신이 살던 시대를 풍자했다. 때는 메이지유신 이후 국가가 서구화를 빠르게 추진하던 시절이었다. 전통적 풍습을 서구에서 도입한 새 풍습으로 교체하는 제도들이 우후죽순 마련되었다. 예를 들어 1871년에는 앞머리를 밀고 후두부에 상투를 트는 존마게丁髷라는 전통적 머리 모양이 금지됐다. 1876년에는 군인과 경찰을 제외하고는 검을 차고 다니는 것이 불법화됐다. 그림 16-1은 서구화라는 급류에 휩쓸려 휘청거리는 일본 사회를 비유한 것이다. 뿌리 깊은 전통적 가치가 하루아침에 내동댕이쳐지는 상황, 그리하여 나라 본연의 몸체와 기록이 순식간에 무용지물이 되는 상황을 화가는 조롱하고 있다. 화가가 당시의 사회 변화 자체에 거부감을 가진 '반세계화' 주의자였는지, 아니면 다만 변화의 방식과 속도에 문제가 있다고 본 '대안 세계화' 주의자였는지는 확실치 않다. 하지만 당시 일본이 얼마나 급속한 전환기를 겪고 있었는지를 그림이 여실히 보여 준다는 점은 분명하다.

일본 사회는 언제부터 경제 대전환을 맞기 시작했을까? 그것은 에도 막부 말기인 1853년 미국의 소함대가 에도 만灣(현 도쿄 만)에 들어서면서였다. 1840년 아편전쟁 이후 서구 열강은 아시아 국가들에게 문호개방 압력을 높여 왔지만, 일본은 네덜란드에만 나가사키에서 제한된 교역을 허용하는 쇄국정책을 고수해 왔다. 그런데 페리 제독이 이끄는 증기선 — 당시 이는 '흑선黑船, black ship'이라고 불렸는데, 그것은 일본인에게는 에도 만에 정박한 증기선이 시커먼 섬처럼 보였기 때문이다 — 은 통상을 요구하는 대통령의 친서를 내미는 한편, 함포 사격으로 무력시위를 하면서 압박의 강도를 높였다. 이듬해 페리 함대가 다시 찾아오자 일본은 더 이상 버틸 수 없다고 판단하고 결국 가나가와神奈川 조약을 맺었다. 미국은 교역에서 최혜국 대우를 얻었고, 미국 함대에 연료를 공급

그림 16-2 『흑선 두루마리』에 수록된 페리 제독의 초상, 1854년.

그림 16-3 페리가 가져온 미니어처 기차, 1854년경.

할 수 있도록 두 항구를 열게 하는 데 성공했으며, 난파한 미국인의 안전 귀환을 보장받았다. 뒤이어 일본은 영국, 러시아, 네덜란드, 프랑스와 유사한 통상조약을 맺음으로써 국제사회에 문호를 개방했다.

일본인들에게 페리 제독은 어떤 인상으로 비쳤을까? 그림 16-2는 한 일본 화가가 페리 제독의 입항 직후에 그린 그의 모습이다. 『흑선 두루마리Black Ship Scroll』에 실린 이 그림도 만화적 묘사를 보여 준다. 페리 제독은 일본의 전설에 등장하는 덴구天狗의 형상으로 등장한다. 덴구는 깊은 산골에 살면서 마계를 지배하는 요괴로, 벼락이 쳤을 때 하늘에서 지상으로 떨어진 개라는 전설이 전한다. 덴구는 보통 붉은 얼굴에 콧대가 높고도 길고 수행자 차림을 하는데, 페리 제독의 초상이 영락없이 이 이미지다. 일본인들에게 페리 제독 일행은 대화와 타협의 대상이 아니라 자신들의 이익을 강제할 요괴처럼 받아들여졌나 보다.

페리는 자신이 이런 모습으로 일본인들에게 비치기를 바라지 않았을 것이다. 실제로 그는 일본인들의 환심을 사기 위해 몇 가지 특별한 선물을 준비했다. 일본이 대외개방을 하면 기술진보와 경제번영을 이룰 수 있다고 확신시킬 만한 물품들이었다. 그중에서 일본인들의 눈을 가장 확실하게 사로잡은 것은 미니어처 기차였다. 미국 선원들은 실물의 4분의 1 크기로 제작한 미니어처 기차와 100미터에 달하는 철로를 요코하마 영빈관 뒤에 설치했다. 그림 16-3은 근대화 혹은 '문명'의 궁극적 상징으로 여겨졌던 증기기관에 일본인들이 보인 깊은 호기심을 표현하고 있다. 기차 운행을 조정하는 미국인들과 이에 시승하고 관찰

그림 16-4 우타가와 요시후지, 「요코하마 스모 선수의 영예로운 승리」, 1861년.

하는 일본인들의 상호작용이 호의적이고 긍정적인 분위기 가운데 이뤄지는 듯 보인다. 그림 16-2의 페리 초상이 보여 주는 이미지와는 사뭇 다르다.

일본인들이 느낀 감정이 두려움이든 부러움이든 간에, 그들의 가슴속에는 원치 않는 방문을 막아 내지 못한 자국의 처지에 대한 울분의 감정이 배어 있었다. 그림 16-4를 보자. 화가 우타가와 요시후지歌川芳藤, 1828~87(본명은 이포사이 요시후지─鵬斎芳藤)요코하마를 배경으로 일본의 스모 선수가 미국인을 집어던지는 모습을 그렸다. 이 목판화에서 '전통의 힘으로 외세를 후련하게 물리칠 수 있었으면 좋았을 것을……' 하는 그들의 솔직한 마음이 느껴진다.

페리의 입항으로 촉발된 일본의 개방은 일본사에서 중대한 분기점이 되었다. 미국과의 조약체결을 두고 막부세력과 반대세력이 충돌했는데, 1866년 막부세력이 패배함으로써 700년 넘게 지탱해 온 체제가 무너지고 메이지 정부가 새로 들어서게 되었다. 메이지유신 이전부터 일본 사회에서는 서양 세력의 확대에 어떻게 대처할 것인가를 두고 다양한 논의가 이루어졌다. 개화파 중에는 '화혼양재和魂洋才', 즉 일본의 정신은 보존하면서 서양의 기술만을 받아들이자는 주장이 가장 많았다. 청나라의 '중체서용中體西用'이나 조선의 '동도서기東道西器'와 일맥상통하는 관념이었다. 메이지 시대 초기에는 서양을 배척하자는 양이攘夷 사상이 퍼지기도 했지만, 시간이 흐르면서 점차 힘이 약해졌다. 오히려 화혼양재로는 개혁이 불충분하다는 주장이 확산되면서 전면적 서구화를 통해 근대

그림 16-5 우타가와 구니테루, 「조슈에 있는 토미오카 방적공장」, 1873년.

화를 하자는 주장에 무게가 실렸다.

일본 정부는 우선 사농공상의 신분질서를 폐지했고, 상업의 자유와 직업 선택의 자유를 보장했다. 1870년대부터는 식산흥업殖産興業 정책을 실시했다. 서구의 근대적 기술을 적극 도입하고, 공업화에 필요한 자본을 마련하고, 근대적 경영자와 노동자를 양성하는 것이 핵심 내용이었다. 국가주도의 경제 발전 전략을 통해 일본은 빠르게 공업국으로 변모해 갔다. 예를 들어 1886년에 일본은 국내 소비용 면직물의 3분의 2를 수입에 의존했다. 그림 16-1에 등장하는 의복도 화가가 수입품을 가정해 그렸음직하다. 그러나 1902년이 되면 일본은 면직물을 완전히 국내 생산했으며, 제1차 세계대전 직전에는 전 세계 면직물 무역량의 4분의

비주얼 경제사

1이나 되는 양을 생산 수출했다.

그림 16-5는 우타가와 구니테루歌川国輝, 1808~76가 제작한 작품으로, 일본에서 가장 오래된 실크 방적공장인 토미오카 방적공장의 내부를 보여 준다. 이 공장은 1872년 일본정부가 건립했다. 생사生絲, 명주실는 전통적으로 일본 경제를 지탱하는 대표 수출품이었는데, 기계화된 설비를 갖춘 서구에 비해 경쟁력이 떨어지고 있었다. 그러자 일본 정부는 프랑스에서 최신 실크 방적기술을 도입하여 공장을 돌리고, 이 과정에서 습득한 기술을 이용해 전국 각지에 이런 유의 공장을 세워 운영한다는 계획을 마련했다. 이 청사진에 따라 무려 150대의 방적기가 수입되어 토미오카 방적공장에 설치되었고, 400명의 여성노동자가 고용되어 새로운 작업 방식과 노동 규율을 익혔다. 발전된 서구의 기술과 제도를 전면적으로 도입하여 공업화를 빠르게 이끌어 가겠다는 정부의 의지가 엿보이는 프로젝트였다.

1885년 일본의 개혁사상가 후쿠자와 유키치福澤諭吉, 1835~1901는 「탈아론脫亞論」에서 일본은 청과 조선이라는 '아시아 동방의 나쁜 친구'를 사절하고 서양 문명을 적극 받아들여 근대국가로 거듭나야 한다는 차별화 전략을 천명한 바 있다. 그의 주장에 날개를 달아 준 것이 바로 서구식 사회개조와 국가 주도형 공업화 전략이었다.

17

여행은 어떻게 중산층의 취미가 되었나?

19세기 중반
서구인들,
휴양지의 맛에
빠져들다

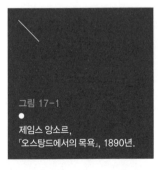

뭉게구름 사이로 작열하는 태양, 그 아래에 파도가 넘실대는 바다, 그리고 바다를 가득 메운 인파. 해수욕을 즐기는 사람들 중에는 알몸을 드러내거나 포즈가 선정적인 이들도 많다. 왼편에는 마차 형태의 가건물들이 해변에 빼곡하다. 주변에는 많은 사람들이 해수욕객을 구경하거나 대화를 나누거나 혹은 키스하고 있다. 가건물 지붕 위에는 망원경과 사진기를 든 사람들이 보인다. **이 그림은 어느 시대, 어느 곳을 배경으로 한 것일까?**

얼핏 보면 이 그림은 여름철 해수욕을 즐기는 휴가객 넘치는 오늘날의 인기 휴양지를 그린 것 같다. 그러나 자세히 들여다보면, 한참 시간을 거슬러 올라간 과거의 모습이라는 단서들을 찾을 수 있다. 우선 마차 형태의 가건물이다. 말이 끌게 해 해변에 설치하는 이 구조물은 이동식 탈의장이다. 해수욕객이 돈을 내고 빌려 사용하는 것으로, 오늘날의 간이 방갈로와 비슷하다. 시간의 경과를 보여 주는 두 번째 힌트는 구경꾼들의 차림새다. 대다수의 남성들은 콧수염을 기른 얼굴에 전통적 모자를 쓰고 있다. 여성들은 긴 드레스와 외출용 모자 차림이다. 해수욕객들이 입은 줄무늬 수영복이 시선을 끈다. 남성 수영복에 상의가 있는 점도 이채롭다.

그림의 배경은 1890년 벨기에의 휴양도시 오스탕드이고, 화가는 벨기에 출신인 제임스 앙소르James Ensor, 1860-1949다. 다른 화가들과 차별화되는 자유분방한 화법과 구도가 돋보이는 작품이다. 앙소르는 해안 휴양지를 가득 메우고 낯 뜨거운 광경을 연출하는 관광객들과 이를 호기심 어린 눈초리로 구경하는 사람들을 우스꽝스러운 모습으로 경쾌하게 묘사했다. 왼편에 있는 가건물은 당시에 '목욕기계bathing machine'로 불린 이동식 탈의시설이다. 18세기부터 영국을 비롯한 유럽 국가들에서 바닷가가 휴양지로 인식되면서 프라이버시를 원하는 손님들을 위해 설치된 것이었다.

그림 17-2는 영국의 유명 삽화가 토머스 롤랜드슨Thomas Rowlandson, 1756~1827이 그린 「비너스의 목욕」이라는 작품이다. 남들의 이목을 신경 쓰지 않고 자유롭게 나체로 수영을 즐기는 여인을 관음증적 시각으로, 그리고 화가 특유의 풍자적 화법으로 묘사했다. 시간이 흐르면서 수영복이 개발되자 나체로 수영하는 모습은 점차 사라졌다. 그러나 목욕기계는 여전히 인기를 끌었고, 특히 19세기 중반 빅토리아 시대의 도덕률이 강조되면서 점잖은 해수욕객들에게 필수품처럼 여겨졌다.

휴가철에 유명 관광지에 사람들이 몰리는 현상은 19세기 유럽에서 본격화되었다. 이전에도 여행이 없었던 것은 아니다. 일찍이 중국 주나

그림 17-2 토머스 롤랜드슨, 「비너스의 목욕」, 1790년경.

라에서는 태산泰山을 찾아가서 제물을 올리는 사람들이 있었고, 로마제
국에서도 건강을 위해 온천을 찾는 사람들이 있었다. 중세에는 자신이
믿는 종교—불교, 기독교, 이슬람교—의 성지를 찾는 순례자들의 발길
이 끊이지 않았다. 17~18세기 유럽에서는 상류층 자제들이 그리스, 로
마 및 르네상스의 건축과 예술을 공부하고 교양을 쌓기 위해 프랑스와
이탈리아로 여행하는 그랜드투어Grand Tour가 유행하기도 했다. 그러나

이때까지도 여행은 종교적 목적을 위한 것이거나 소수의 부유한 귀족층만이 누릴 수 있는 특권처럼 여겨졌다. 그런데 19세기를 거치면서 새롭게 성장한 중산층이 '관광과 휴양을 위한 여행'이라는 특권을 누리게 된 것이다.

오스탕드는 전형적으로 이런 변화를 겪은 휴양지였다. 1831년 권좌에 오른 국왕 레오폴드 1세는 이곳을 즐겨 찾곤 했다. 1838년 브뤼셀과 오스탕드를 잇는 철도가 건설되자 오스탕드의 인기는 더욱 높아졌다. 그리고 1846년에는 이곳에서 영국의 도버로 오가는 페리가 개통됨으로써 국제적 휴양지로 도약할 발판이 마련되었다. 19세기 중반 이래 오스탕드는 휴가를 갈 경제력을 갖춘 사람들이 모여드는 인기 관광지로 이름을 날렸다. 관광객은 주로 기업가, 고등 교육을 받고 대학이나 정부에서 일하는 전문가, 그리고 예술가와 같은 프리랜서 등이었다. 이 새로운 중산층은 국적을 불문하고 유명 휴양지에서 시간을 보내면서 관심사와 생활양식을 교류했다.

초기에 개인적 차원에서 이루어졌던 관광이 집단적 형태로 변모한 것도 산업화의 진전과 관련이 깊다. 상업화된 단체관광 시대를 연 인물은 영국의 토머스 쿡Thomas Cook, 1808~92이었다. 그림 17-3은 1841년 쿡이 처음으로 모집한 여행단의 모습을 보여 준다. 500명으로 구성된 이 여행단은 기차를 타고 레스터에서 러프버러에 이르는 19킬로미터의 짧은 거리를 왕복 주행했다. 이때의 경험을 바탕으로 1845년, 쿡은 본격적인 여행사 일을 시작했다. 기차로 영국 남서부를 출발하여 북부 산업도

그림 17-3 **토머스 쿡이 첫 번째로 조직한 기차 여행단, 1841년.**

시 리버풀에 이르는 경로였다. 단체관광은 개인별 여행 경비를 낮추는 장점이 있기 때문에 수익성이 좋았다. 다시 10년 후인 1855년에 쿡은 최초로 유럽 대륙 여행 패키지를 선보였다. 일정은 영국에서 출발해 안트베르펜, 브뤼셀, 쾰른, 프랑크푸르트, 스트라스부르를 거쳐 파리에 도착해서 국제 박람회를 구경하도록 구성되었다. 여행지는 계속 넓어졌다. 마침내 1872년 쿡은 최초의 세계일주 프로그램을 마련했다. 여행에 꼬박 222일이 걸렸고 이동거리는 총 4만 킬로미터에 달했다. 그의 아이디어는 단지 여행 거리 늘리기에 머물지 않았다. 확실히 쿡은 여행업의 부가가치를 높일 줄 아는 탁월한 사업 천재였다. 1874년 그는 스위스 여행 가이드북을 발간했고, 뉴욕에서 여행자 수표의 초기 형태를 만들었

그림 17-4 제임스 티소, 「선상 무도회」, 1874년.

다. 1878년에는 환전소를 설립했다. 쿡이 사망한 이후인 20세기에도 그
의 회사는 획기적인 여행 상품을 계속 만들어 냈다. 1919년에 최초로 항
공여행 광고를 냈으며, 1927년에는 뉴욕에서 시카고로 날아가 인기 권
투 경기를 관람하는 패키지를 만들었다. 쿡의 성공사례를 모방해서 서
구 각국에서 다양한 여행 상품이 개발되었고, 관광업에 종사하는 인구
도 빠르게 증가했다.

　　19세기 후반 이후까지도 오랫동안 관광산업의 주 고객층은 시간적

여유와 경제적 능력을 지닌 중산층에 국한되었다. 제임스 티소James Tis-sot, 1836~1902가 1874년에 그린 「선상 무도회」(그림 17-4)는 이런 동질적 집단의 여가활동을 잘 보여 준다. 우아한 옷차림을 한 많은 숙녀들과 소수의 점잖은 중년 남성들이 만국기로 화려하게 치장된 갑판 위에 모여 있다. 갑판 아래편에서 열리고 있을 무도회를 잠시 뒤로한 채 이들은 휴식을 취하면서, 혹은 함께 춤을 출 파트너를 물색하면서 시간을 보내고 있다. 값비싼 이런 관광 상품을 살 수 있는 사람은 초기에는 소수였지만, 자신보다 높은 계층사다리에 있는 이들의 생활양식을 모방하려는 대중의 욕구는 여행의 계급적 장벽을 서서히 무너뜨려 갔다.

19세기 후반과 20세기를 거치면서 관광 여행은 중산층에서 벗어나 일반 대중에게까지 확산되었다. 직장에서 휴가제도가 점차 자리를 잡아감에 따라 많은 노동자들이 관광 여행을 떠날 수 있게 되었다. 지리적으로는 바닷가 휴양지에 국한되었던 여행지가 알프스 산맥과 같은 산악 지역, 그리고 가족이 함께 찾는 전원 지역으로 넓혀졌다. 국내에서 인접국으로, 그리고 다른 대륙으로 범위가 확장된 점은 두말할 나위가 없다. 이와 동시에 여행 수단에도 큰 변화가 있었다. 철도에서 시작한 관광 여행은 유람선과 자동차로 확대되었고, 마침내 20세기 중반에는 여객기가 등장했다.

무엇보다 항공 여행의 등장은 관광 여행의 차원을 한 단계 높였다. 사진에서만 보던 에펠탑, 콜로세움, 자유의 여신상, 피라미드를 직접 찾아가 만져 보고 올라가 볼 수 있는 시대가 열린 것이다. 제2차 세계대전

그림 17-5 유나이티드 에어라인의 하와이 여행 광고, 1949년, ⓒⓘ Joseph Feher

이후부터 1970년대 초까지 전례 없는 세계경제의 황금기를 배경으로 항
공 여행의 인기는 날아올랐다. 소득수준 향상과 평화로운 국제정세 속
에서 여행객들은 변화된 세상을 체험하기 위해 비행기에 몸을 실었다.

당시 등장한 수많은 여행 광고들이 시대적 변화를 실감하게 했다. 그림 17-5는 1949년 미국의 항공사 유나이티드 에어라인이 제작한 하와이 여행 광고 포스터다. 아름다운 열대 해변을 배경으로 하와이 여인이 방긋 웃으며 방문객인 그대에게 환영의 꽃다발을 걸어주려고 한다. 그 위로 신형 여객기가 지나가고 밝은 태양이 후광을 만들어 준다. 그동안 미국의 대다수 본토인들에게 하와이는 잡지와 영화에서만 볼 수 있는 꿈의 섬이었을 뿐이지만, 이제 많은 중산층 관광객들이 태평양을 가로질러 호놀룰루 해변에서 서핑을 하고 코나 커피를 즐길 수 있게 되었다.

관광 여행은 사람들이 낯선 지역의 문화를 경험하고 영향을 서로 주고받는 세계화 과정의 주요 채널 가운데 하나였다. 적지 않은 돈과 시간을 들여서 계획을 세우고 예약하는 정성을 쏟은 지극히 자발적인 세계화였다. 낯선 음식을 맛보고, 신기한 풍물을 구경하고, 다른 사람들이 어떻게 휴가를 보내는지를 목격하는 과정을 통해 관광객들은 자연스럽게 세계화를 경험했다. 세계화는 상품과 자본과 기술의 이동만이 아니라 사람들의 문화적 교류를 통해서도 확산되는 것이다. 산업화는 중산층의 성장을 통해, 운송수단의 발달을 통해, 그리고 관광업이라는 새로운 산업의 개발을 통해 세계화에 가속 페달을 밟았다. 그리고 이렇게 시작된 관광산업은 오늘날에도 저가항공 이용, 오지탐험, 공유 여행 등 다양한 형태로 진화를 거듭하고 있다.

18

아메리카 대평원의 버펄로, 그 비극적 운명

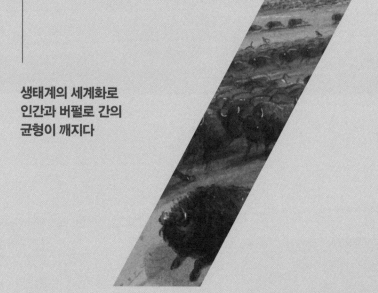

**생태계의 세계화로
인간과 버펄로 간의
균형이 깨지다**

그림 18-1

앨프리드 밀러, 「버펄로 사냥」,
1858~60년.

광활한 대지를 배경으로 아메리카 인디언들이 말을 타고 활을 들고 서 달려간다. 이들이 뒤쫓고 있는 것은 엄청난 무리의 버펄로다. 떼를 지어 질주하는 버펄로들 앞에는 깎아지른 절벽이 가로놓여 있다. 사냥꾼들에게 쫓겨 달아나던 버펄로들은 곧 떼죽음을 맞게 될 것이다. **19세기 후반 야생 버펄로는 이런 사냥 가운데 희생된 것일까? 버펄로가 멸종위기에 몰리게 된 가장 중요한 원인은 무엇일까?**

그림 18-1은 앨프리드 밀러Alfred J. Miller, 1810~74가 그린 「버펄로 사냥」이란 작품이다. 이 그림은 오늘날에는 보기 힘든 광경을 그리고 있다. 지난 수 세기 동안 아메리카 대륙은 급격한 생태적 변화를 겪었다. 특히 19세기 후반에 많은 변화가 발생했다. 미국 서부개척 시대의 대평원 하면 카우보이들이 말을 타고 소 떼를 모는 모습을 떠올리기 쉽지만, 말과 소는 모두 콜럼버스 이후 구세계에서 전해진 동물이다. 그렇다면 그 전에 대평원을 누비던 버펄로 무리는 과연 어떻게 비극적 최후를

그림 18-2 조지 캐틀린, 「코만치 마을」, 1834~35년.

맞게 된 것일까?

아메리카에 엄청나게 많은 버펄로가 서식했다는 사실은 잘 알려져 있다. 역사가들의 추정에 따르면 콜럼버스 이전에는 5,000만 마리 이상이 평원을 누볐고, 19세기 중반까지도 그 수가 2,000만 마리쯤 되었다. 시기적으로 그 수에 변화가 있었지만 버펄로 수는 대체로 생태적 균형을 이루고 있었다. 버펄로를 위협하는 대표적 야생동물은 늑대였는데, 이들이 버펄로의 개체 수에 미친 영향은 제한적이었다. 버펄로의 개체 수급감에 더 큰 영향을 주는 존재는 인간이었다. 전통적으로 인디언은 고기, 가죽, 뼈를 얻기 위해 버펄로를 사냥해 왔다. 그러나 유럽인과 접촉하기 전까지만 해도 인디언은 버펄로와 기나긴 세월을 함께 지내 왔다. 이들 사이에는 일정한 생태적 균형이 존재했던 것이다. 코만치족의 생활을 묘사한 조지 캐틀린George Catlin, 1796~1872의 그림 18-2를 보자. 부족의 여인들이 버펄로 가죽을 펴서 다듬고, 고기는 말리는 작업을 하고 있다.

　전통적으로 인디언은 버펄로 떼에 조심스럽게 접근한 후 활과 창으로 기습하는 방식으로 사냥을 했다. 이들의 버펄로 사냥 능력은 말을 도입하여 기동력을 높임으로써 크게 변화했다. 이후에 총이 들어와 널리 사용되면서 버펄로 사냥 능력은 다시 한 번 도약했다. 그러나 기본적으로 소규모로 유목 생활을 하는 인디언에게 버펄로를 필요 이상으로 사냥할 이유는 없었다. 비록 교환을 통해 새로운 물품을 얻어야 하기는 했지만, 생태계를 교란시킬 만한 규모는 아니었다.

　이런 측면에서 볼 때 버펄로 사냥을 묘사한 밀러의 그림 18-1은 과장된 것으로 보인다. 광활한 대지에서 한 무리의 인디언들이 엄청나게 많은 버펄로 떼를 몰아 큰 절벽 아래로 떨어뜨리는 작전을 구사하기도 어려운데다가 한꺼번에 많은 버펄로를 잡을 경우 유목 생활을 하는 인디언들이 감당하기도 부담스러웠을 것이다. 또한 이렇게 죽은 버펄로들은 손상이 커서 값어치가 크게 떨어져, 이런 사냥 방식은 효과적이지 않다. 작은 무리를 낭떠러지로 유인하는 방식은 썼을 수도 있지만, 그림에서처럼 대규모로 사냥을 하는 모습은 비현실적이다. 그저 대자연의 장관을 화폭에 담아 보고자 한 화가의 상상력이 빚은 결과물이었으리라.

버펄로의 수가 본격적으로 줄어든 것은 백인들 탓이었다. 남북전쟁 이후 가죽 수요가 증가하면서 전문적인 백인 사냥꾼들이 대규모로 버펄로 사냥에 나섰다. 일부 인디언들 사이에도 점차 판매를 목적으로 한 버펄로 사냥이 늘어났다. 그런데 생활에 요긴한 고기와 생활 재료를 공급하는 버펄로의 수가 줄어들면 인디언의 생존 기반 또한 약화될 수밖에 없었다. 일부 백인들은 버펄로 사냥이 인디언을 축출하는 효과적인 수단으로 여기고 의도적으로 버펄로 사냥을 장려했다. 예를 들어 인디언과 많은 전투를 벌였던 필립 셰리단 장군은 버펄로 사냥이 인디언의 물적 기반을 파괴하는 가장 효과적인 방법이라고 주장했다. 그는 버펄로 사냥꾼에게 탄약을 공급하고 포상 제도를 마련하자는 안을 의회에 올리기도 했다.

이런 과정을 통해 1865년에만 약 100만 마리의 버펄로가 목숨을 잃었으며, 1872~74년에는 400만 마리 이상이 사냥되었다고 기록은 전한다. 버펄로 사냥으로 가장 큰 명성을 얻은 사람은 윌리엄 프레더릭 코디, 일명 '버펄로 빌Buffalo Bill'이라는 인물이었다. 그는 사냥한 버펄로를 미국 육군과 캔자스퍼시픽 철도회사에게 공급하는 일을 했는데, 불과 7개월 만에 4,280마리나 잡았다는 기록을 남겼다. 그는 나중에 '버펄로 빌의 와일드 웨스트Buffalo Bill's Wild West'라는 공연단(그림 18-3)을 조직해 미국 각지는 물론 해외에서도 인기를 끌었다. 그리하여 버펄로 사냥은 쇼비즈니스의 형태로 세계화되었다.

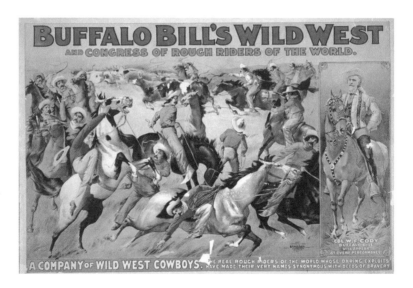

그림 18-3 버펄로 빌의 와일드 웨스트 공연단(위, 1890년)과 그 포스터(1899년).

그림 18-4 에르네스트 그리세트, 「먼 서부—버펄로를 향해 총을 쏘는 캔자스퍼시픽 열차의 승객들」, 1871년.

버펄로 사냥이 늘어난 데는 철도 부설도 중요한 역할을 했다. 철도 회사들은 버펄로 사냥을 위한 특별열차를 편성했다. 그림 18-4는 캔자스퍼시픽 철도회사가 편성한 특별열차의 모습을 보여 주는 에르네스트 그리세트Ernest Griset, 1844~1907의 작품이다. 탑승자의 일부는 열차 위에서, 그리고 일부는 열차에서 내려 사방으로 버펄로를 향해 총을 쏘고 있다. 이제 버펄로 사냥은 백인들 사이에 인기 높은 '스포츠'가 되고 말았다.

이렇게 잡은 버펄로를 백인들은 주로 가죽을 얻는 데 사용했다. 백인 사냥꾼은 가죽만을 벗겨 모으고, 사체는 대부분 그대로 들판에 방치했다. 차마 눈을 뜨고 보기 힘든 참혹한 광경이 펼쳐졌다. 들판에 버려진 사체는 시간이 지나면서 들짐승과 날짐승에 살이 뜯기고 햇볕에 말라붙어 하얗게 뼈를 드러냈다.

시간의 흐르자 이 뼈는 수집상들이 모아 각종 산업에 사용하게 되었다. 뼈를 태운 재는 고급 자기인 본차이나의 원료로 사용되었고, 설탕과 와인의 품질을 높이는 데도 쓰였다. 버펄로 뼈의 가장 큰 수요자는 비료 공장이었다. 그림 18-5는 산업용 버펄로의 머리뼈를 산더미처럼 쌓아 놓은 디트로이트의 한 공장의 야적장 모습을 보여 준다. 이 머리뼈 더미는 높이가 9미터에 이르렀고 길이가 수십 미터에 달했다고 한다. 이미 사냥감으로 쫓기던 버펄로 떼에게 가해진 결정적인 한 방은 바로 '산업용 수요'였다.

이런 요인들이 작용하면서 버펄로의 수는 1880년대에 더욱 급속하게 줄어들게 되었다. 1892년에 실시된 조사에 따르면 살아남은 버펄로는 1,091마리에 불과했다. 오늘날 북아메리카에서는 보호정책의 결과로 약 50만 마리의 버펄로가 남아 있다. 그렇지만 이들은 대부분 다른 들소와 교잡하여 태어난 것들이며, 야생의 상태에 있지도 않다. 야생 상태의 순종 버펄로는 실질적으로 멸종했다고 볼 수 있다.

생태계 보존과 생물의 종 다양성 유지를 중시하는 오늘날의 관점에서 보자면, 버펄로 멸종은 자연의 정복을 진보라고 여겨 온 구시대의 과오를 보여 주는 증거다. 대항해 시대 이래 구세계와 신세계의 접촉은 양

그림 18-5 디트로이트의 미시간 카본 공장의 야적장에 쌓인 버펄로의 머리뼈. 1870년대.

세계 모두에 중대한 변화를 가져왔다. 특히 '콜럼버스의 교환Columbian Exchange'으로 통칭되는 교류를 통해 사람은 물론 식물, 동물, 미생물과 바이러스가 양방향으로 이동하여 지구 각지의 생태계에 중대한 변화를 초래했다. 특히 구세계인들에게 강제적 세계화를 요구받은 신세계는 생태계에도 가히 혁명적인 변화를 겪게 되었다. 아메리카 원주민들이 삶

　비주얼 경제사

의 터전에서 쫓겨난 자리에 유럽인들이 들어왔고, 다시 아프리카인들과 아시아인들이 유입되었다. 또한 수많은 동식물이 유입되어 기존 생태계를 교란시키고 파괴했다. 경제적 유인의 힘은 실로 엄청났다. 백인들은 때로는 털가죽과 같은 재료를 얻기 위해, 때로는 원주민의 생존 기반을 무너뜨리기 위해, 그리고 때로는 산업적 수요를 충족시키기 위해, 한때 대평원의 주인공이었던 버펄로를 가차 없이 희생시켰다. 그리고 그 자리에 유럽의 소 떼가 유입되면서 북아메리카의 생태계는 유럽형으로 개조되었다.

우리가 현재 살고 있는 지구는 과거의 지구가 아니다. 지구 생태계에는 인간의 무지, 편견, 탐욕과 그에 따른 수많은 실책의 역사가 새겨져 있다. 19세기 후반 버펄로가 처한 운명은 세계화 시대가 남긴 과오의 역사를 극명하게 보여 주는 사례다. 오늘날 우리는 과연 이 돌이킬 수 없는 '시행착오'에서 충분한 교훈을 얻었다고 말할 수 있을까?

인도의 철도,
그 이익을
가져간 곳은?

**식민지 인도,
강제적 세계화의 끝을
보여 주다**

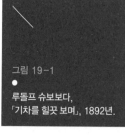

그림 19-1
●
루돌프 슈보보다,
「기차를 힐끗 보며」, 1892년.

가족으로 보이는 한 무리의 사람들이 한낮의 햇살을 받고 있다. 남자아이가 나무 대에 걸터앉아 있고, 붉은 옷을 입은 여자아이는 여기에 기댄 채 맨발로 서서 왼편을 바라보고 있다. 이들 뒤로 다른 가족들이 서 있다. 옷차림으로 보아 그다지 부유하지 않은 평범한 인도인 가족으로 보인다. 뒤로는 흙으로 지은 나지막한 건물들이 보이고 사람들이 직물을 짜거나 곡식을 말리고 있다. **인도의 전형적인 농촌 풍경이다. 그렇다면 그림의 주인공들은 무엇을 하고 있을까?**

의문에 대한 결정적인 단서는 그림 왼쪽 하단에 있다. 사선으로 놓인 선은 다름 아닌 철로의 일부다. 주인공들은 기차를 기다리고 있는 것이다. 마치 그림을 감상하는 이들에게 수수께끼를 던지듯 화가 루돌프 슈보보다Rudolf Swoboda, 1859~1914는 철로를 그림의 한 귀퉁이에 슬쩍 그려 넣고는 제목을 「기차를 힐끗 보며Peeping at the Train」라고 붙였다.

화가는 어떤 이미지를 표현하고자 했을까? 자세히 보면 인물들의 표정이 차분하면서도 따뜻하게 그려져 있다. 한낮의 뙤약볕 아래에서도 이들은 지친 기색이 아니다. 오히려 기차가 오기를 기다리는 긴장감이 밝은 색채로 표현되었다. 마치 이들이 배경을 이루는 시골 풍경에서 근대적 공간을 향해 앞으로 걸어 나오는 듯하다. 화가는 철도가 새로 부설된 19세기 말의 인도를 긍정적으로 묘사하고 싶었던 것 같다.

이런 추측이 얼마나 저절할지는 화가의 개인사를 통해 유추해 볼 수 있다. 오스트리아 출신인 슈보보다는 1880년 이집트에 건너가 많은 그림을 그렸고, 그 덕분에 '동양전문가Orientalist'라는 명성을 얻었다. 1886년에 슈보보다는 인도로 그림 여행을 떠나게 되는데, 이때 영국의 빅토리아 여왕이 여행 경비로 300파운드를 후원했고 화가는 그 대가로 여왕에게 스케치 작품들을 헌상하기로 했다. 「기차를 힐끗 보며」는 이 스케치 목록에 포함되지 않은 독립적인 유화였다. 화가가 대영제국의 궁극적 상징인 빅토리아 여왕에게 그림을 주문받았다는 사실은 그가 식민지 인도를 어떻게 표현할지 추측게 할 중요한 단서다. 그는 기차를 기다리는 인도인 가족의 밝은 모습을 통해 새로운 문물이 인도에 근대화라는 미래를 가져다 줄 것으로 묘사하고자 했다.

실제 역사에서 철도는 인도인들에게 어떤 영향을 끼쳤을까? 세계 경제사에서 철도의 등장은 중요한 의미가 있다. 산업혁명은 인력, 축력畜力, 풍력을 이용하던 기존의 에너지 사용에 근본적인 변화를 가져왔다. 새로운 에너지원인 석탄의 사용은 생태계를 직접 압박하지 않으면서도 생산력을 높이는 길을 열었다. 철도는 이 화석에너지를 증기기관을 통해 이용함으로써 경제를 대대적으로 변화시킨 신기술의 총아였다. 철도

그림 19-2 악셀 헤이그, 「봄베이의 대인도 반도 철도 터미널과 행정관청」, 1878년.

는 먼 지역들을 연결시켜 사람과 상품과 원료가 쉽게 이동하도록 만들었다. 새로운 지식, 기술, 제도도 철도를 통해 빠르게 확산될 수 있었다. 즉, 철도는 근대적 기술진보의 소산이자 사회 구성원들이 근대화의 이익을 누릴 수 있게 만든 핵심 수단이었다.

놀랍게도 20세기 초, 아시아 전체에 건설된 철도의 80퍼센트가 인도에 놓였다. 그림 19-2은 악셀 헤이그Axel Haig, 1835~1921가 묘사한 봄베이(뭄바이) 철도 터미널이다. 웅대하면서도 말끔히 정돈된 모습이다. 이 그림에서 느껴지는 것처럼 철도는 문명, 미래, 진보, 선진화와 동일시되곤 했다.

그러나 슈보보다와 헤이그의 그림이 보여 주는 이미지처럼 인도의 역사에 철도가 꼭 긍정적인 효과를 가져다 준 것은 아니었다. 인도의 근대화는 부진했고, 인도인이 누린 경제적 이득은 미미했다. 그 이유는 무엇이었을까?

근본적인 이유는 인도가 영국의 식민지였기 때문이다. 영국 정부는 인도의 철도 투자에 대해 식민지 정부가 일정한 수익률을 보장하도록 강요했다. 각 노선이 연 5퍼센트 미만의 수익률을 기록할 경우 차액을 보전해 주도록 제도를 만든 것이다. 이 제도는 영국 투자자들이 수익성이 낮은 외딴 지역에도 철도를 부설하도록 하는 인센티브로 작용했다. 게다가 철로 건설, 철도 차량 제작, 연료 공급, 철도 운영의 핵심 부분을 영국 기업들이 독차지했으므로, 인도인들에게 많은 이익이 돌아갈 것이라는 기대는 애초에 비현실적이었다. 1900년에 수익률이 5퍼센트 미만이어서 인도에서 보전금을 받은 노선이 무려 전체 철도의 70퍼센트에 이르렀다.

인도의 역사를 살펴보자면 영국과의 악연을 떠올리지 않을 수 없다. 18세기까지 인도는 중국과 더불어 세계인들이 소비하는 물건을 가장 많이 수출하는 나라였다. 서양의 아시아 진출이 시작된 이후에도 무굴제국1526~1857 시대까지 인도는 세계적으로 유력한 제국으로서의 위엄을 잃지 않았다. 5대 황제였던 샤자한(그림 19-3)의 모습을 묘사한 17세기 중반의 그림은 이런 분위기를 고스란히 전한다. 서양 각국을 포함한 여러 국가에서 온 사절들이 황제에게 선물을 바치고자 궁정에서 기

그림 19-3 무굴제국의 황제 샤자한에게 선물을 바치는 유럽 사절단, 1650년경.

다리는 모습이다. 샤자한은 세계적인 명품 건축물 타지마할을 남긴 것으로 유명한데, 이를 건축하기 위해 다양한 분야의 기술자를 프랑스, 이탈리아, 페르시아에서 데려왔고 장식용 재료를 미얀마, 티베트, 중국, 이집트 등에서 들여왔다. 인도는 세계적 제국으로서 위용을 과시하고 있었다.

인도의 최대 수출품은 면직물이었다. 유럽 귀족들이 즐겨 찾은 최고급 직물부터 카리브 해에서 노역하는 아프리카 출신 노예들의 거친 작업복에 이르기까지 거의 모든 종류의 면직물들이 인도인의 손에 생산되고 수출되어 국고를 살찌웠다. 노인에서 어린이에 이르는 수많은 인력이 전통적인 수직 방식으로 생산한 면직물이 세계 시장을 사실상 석권하고 있었다. 영국을 포함한 유럽의 중상주의 국가들은 국내 면공업을 발전시켜 인도산 면직물 수입을 대체하려고 노력했지만, 경쟁력에 큰 차이가 난다는 점을 인정하지 않을 수 없었다.

그러나 무굴제국이 영국의 침탈을 받아 몰락하면서, 그리고 영국에서 산업혁명이 전개되면서, 인도의 면공업은 심대한 타격을 입게 되었다. 영국은 17세기에 동인도회사를 내세워 인도에 진출하기 시작했고, 1757년 플라시 전투에서 경쟁국 프랑스를 물리치고 벵골(인도의 서벵골주에서 방글라데시까지 이르는 지역. 쌀과 황마가 주산물이다)의 지배권을 확립함으로써 인도 식민지화의 교두보를 확보했다. 영국은 본국의 면공업 육성을 위해 인도의 면공업을 압박하여 쇠락의 길로 내몰았다. 18세기 말부터 영국 북부 랭커셔 지방을 중심으로 면공업이 급성장하면서 영

그림 19-4 윌리엄 심슨, 「면화 운송, 1862년 인도」, 1862년.

국은 결국 세계시장에서 인도를 몰아내기에 이르렀다. 19세기에 영국은
인도 각지의 토후세력들을 분열시켰고, 1857년 세포이(영국 동인도회사
가 고용한 인도 용병)의 봉기를 진압함으로써 인도를 직접 통치하게 되었
다. 인도는 더 이상 면직물 수출 대국이 아니라, 세계의 공장으로 부상한
영국을 위해 원료인 면화를 공급하는 식민지로 전락했다. 이 변화를 윌
리엄 심슨William Simpson, 1823~99의 그림 19-4가 보여 준다. 배경을 이루
는 마을의 모습에서 슈보보다의 그림 19-1에 등장하는 마을이 떠오른
다. 그러나 소달구지 가득히 면화를 실어 시장으로 운반하는 광경에서

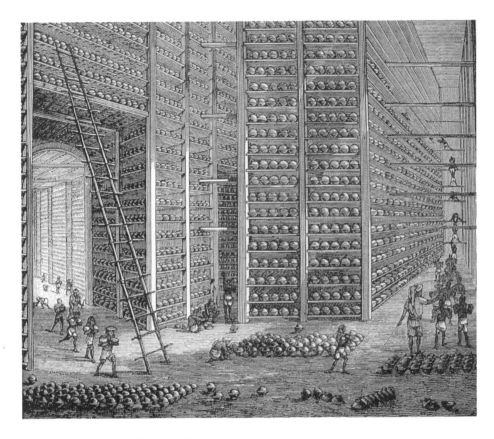

그림 19-5 인도 파트나 시의 아편 창고, 1882년.

변화된 인도의 모습, 즉 식민지로서 영국에 종속된 인도 경제를 실감할 수 있다.

영국은 19세기에 인도를 다시 한 번 이용했다. 이번에는 아편을 통해서였다. 영국은 중국과의 교역에서 발생한 대규모 무역적자를 해결하기 위해서 아편 수출을 늘리기로 기획했는데, 중국에 팔 아편을 생산하는 데 인도를 최적의 생산지로 여겼다. 그림 19-5는 인도 파트나 시에 있던 아편 창고를 보여 준다. 수확된 아편은 무게 900그램의 둥근 덩어리로 만들어졌는데, 이 창고에만 30만 개의 아편덩이가 저장되었다. 얼마나 많은 아편이 생산되어 중국으로 판매되었을지 실감이 난다. 실제로 19세기 초반의 30년 동안 중국의 아편 수입량은 10배나 증가했다. 이후의 역사는 잘 알려진 대로 두 차례의 아편전쟁(1839~42, 1856~60)을 통한 영국의 중국 침탈과 강압적 개방으로 이어졌다. 서구 열강에 의한 강제적 세계화의 가장 대표적인 사례였다.

영국의 입장에서 인도는 얼마나 큰 경제적 가치가 있던 것일까? 19세기 말~20세기 초, 영국은 유럽 대륙과 북아메리카에서 심각한 무역 적자를 기록하고 있었다. 1910년 대미적자는 5,000만 파운드, 대유럽 적자는 4,500만 파운드나 되었다. 이를 해결해 준 것이 아시아에서 유입된 자금이었다. 영국은 중국과의 무역에서 1,300만 파운드의 흑자를 기록했을 뿐만 아니라, 인도에서는 무려 6,000만 파운드의 흑자를 보였다. 그런데 인도가 영국산 제품을 계속 소비할 수 있었던 데는 중국에서 얻은 아편 판매 대금이 중요하게 작용했다. 영국은 아편을 통해 중국과 인도에서 동시에 막대한 이익을 취했던 것이다.

보통 서구의 역사책에서 이 시기는 세계적으로 무역과 자본투자가 활발하게 이루어진 '호시절Belle Époque'로 묘사된다. 그리고 여기에 영국의 역할이 컸다고 설명한다. 최대 경제국이었던 영국이 일부 국가들에서 무역적자를 기록하고 다른 국가들에서는 유사한 규모의 무역흑자를 기록했기 때문에, 세계경제가 글로벌 불균형global imbalance의 문제를 피해 원활하게 작동했다는 것이다. 그러나 이 균형은 영국이 정당화하기 힘든 인도의 식민통치와 아편 수출, 즉 오늘날의 관점에서 보면 두 가지 부도덕한 정책이 없었더라면 성립할 수 없었다. 인도의 사례는 강제적인 세계화는 손해를 가져오기 십상임을 여실히 보여 준다.

영국의 사상가 토머스 칼라일은 대문호 셰익스피어를 식민지 인도와 바꾸지 않겠다고 말한 것으로 전해진다. 원문을 보면 그가 의도했던 말은 미래에 식민지로서 인도는 존재하지 않게 되겠지만 셰익스피어를 통해 풍부해진 영어는 계속 사용되리라는 것이었다. 애초의 의도가 무엇이었건 간에 위의 표현은 셰익스피어의 가치를 강조한 것임이 분명하지만, 비교 대상으로 인도를 삼은 것은 식민지 인도의 가치가 영국에 그만큼 컸다는 사실을 반증하는 것이기도 하다.

20

거대기업
황금시대

**철도왕, 석유왕, 금융왕이
경제를 장악하다**

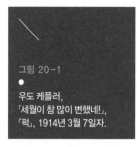

그림 20-1
●
우도 케플러,
「세월이 참 많이 변했네!」,
『퍽』, 1914년 3월 7일자.

단상에 빨간색 줄무늬 바지를 입고 검은 가운을 걸친 인물이 앉아 있고, 그 앞으로 중년 신사들이 모자를 벗고서 이 인물을 정중하게 바라보고 있다. 중앙의 인물이 위엄 있는 태도로 읽고 있는 종이에는 '철도요금 인상 허용 청원서'라고 쓰여 있다. 이 인물 뒤로 흰 선으로 그려진 유령이 보이는데, 그 유령은 깜짝 놀라는 표정으로 손에서 종이를 떨어뜨리고 있다. 그 종이에는 '망할 놈의 대중, 밴더빌트(The Public Be Damned!, VANDERBILT)'라고 적혀 있다. **이 그림은 어떤 상황을 묘사하는 것일까?**

우선 유령으로 등장하는 코넬리우스 밴더빌트Cornelius Vanderbilt, 1794~1877에 대해 알아보자. 밴더빌트는 뉴욕 갑부의 아들로 태어나 젊어서는 주로 수상 운송업에 종사하다가 중년에 철도사업에 뛰어들었다. 1860년대에 뉴욕 중심부를 관통하는 뉴욕중앙철로New York Central Railroad를 보유하게 됨으로써 그는 '철도왕'으로 불리며, 막강한 영향력의 사업가로 부상했다.

전하는 바에 따르면, 한 신문기자가 밴더빌트에게 우편열차의 영

그림 20-2 프레더릭 오퍼, 「굴드의 개인 볼링 레인」, 『퍽』, 1882년 3월 29일자.

업 중단이 대중에게 어떤 영향을 끼칠 것으로 생각하느냐고 묻자, 밴더빌트가 "망할 놈의 대중"에 대해 자신은 아무런 관심이 없다고 퉁명스럽게 대답했다고 한다. 이 일화가 퍼지면서 밴더빌트의 말은 거대 기업가가 대중을 어떻게 바라보는지에 대한 사례로 널리 인용되게 되었다. 우도 케플러Udo J. Keppler, 1872~1956의 그림 20-1은 만평의 형식으로 이 일화를 다시 상기시키고 있다. 이 만평이 실린 『퍽Puck』이라는 잡지는

1871~1918년 발행된 미국의 대중잡지로, 수많은 정치만평과 캐리커처를 실어 온 매체였다.

밴더빌트와 더불어 철도산업 분야에서 거대 기업가로 이름을 날린 인물로 제이 굴드Jay Gould, 1836~92를 들 수 있다. 굴드는 사업상 라이벌 관계인 밴더빌트와 불편한 관계를 줄곧 드러낸 것으로 유명하다. 프레더릭 오퍼Frederick B. Opper, 1857~1937가 완성한 그림 20-2에는 턱수염이 덥수룩한 굴드가 월스트리트에서 볼링 하는 모습의 캐리커처가 그려져 있다. 대금융가이기도 했던 굴드가 굴리는 볼링공에는 '사기' '허위보고' '사설 출판' '부도덕' 등이 적혀 있다. 그가 쓰러뜨리는 볼링 핀은 '중개인' '은행가' '무경험 투자가' 등이었다. 한편 앞쪽의 표지판에는 굴드가 지배한 철도노선이 나열되어 있다. 굴드가 철도사업에서 다른 사람들을 쓰러뜨리면서 독점적 지위에 올랐다는 사실을 이 그림은 풍자하고 있다.

1870년대부터 기업들이 합병을 통해 거대한 기업집단으로 재탄생하는 움직임이 전 세계적으로 일어났다. 미국이 그 움직임을 선도했는데, 밴더빌트는 바로 이런 변화를 대표하는 인물이었다. 초대형 독점기업의 형성은 철도 부문에만 국한된 게 아니었다. 더욱 대대적인 독점화는 존 록펠러John D. Rockefeller, 1839~1937가 활동한 석유 부문에서 진행되었다. 그는 1860년대에 석유산업에 뛰어들어 성장을 거듭했고, 1879년에는 석유업계의 기업들을 대거 통합하여 스탠더드오일트러스트Standard Oil Trust를 조직했다. 이 거대 독점조직을 통해 '석유왕' 록펠러는 미국 정유시설의 약 90퍼센트를 지배하게 되었다. 그는 석유를 초저가에 판매하여 경쟁자들을 도산시키고 그 후에는 독점력을 이용해 고가로 팔아 폭리를 취하는 전략을 구사했다. 록펠러는 미국 역사상 최초로 10억 달러 이상의 재산을 축적한 인물이었다. 자산규모를 실질가치로 계산하면 그는 지금까지 미국 역대 최고의 부자였던 것으로 추정된다. 밴더빌트는 '강철왕' 앤드루 카네기Andrew Carnegie, 1835~1919와 더불어 2~3위를 다투었다. 금융 부문에서는 J. P. 모건John Pierpont Morgan, 1837~1913의 지배력이 가장 컸다. 1901년 '금융왕' 모건은 카네기의 철강회사를 포함한 7개의 대형 철강회사를 석탄회사들과 통합하는 초대형 프로젝트를 성사시켰다. 그 결과 초거대기업 유에스스틸U.S. Steel이 탄생했다.

거대기업의 수장들은 엄청난 시장 지배력을 휘둘렀다. 철도왕, 강철왕, 금융왕, 석유왕이 군림하는 경제에서 소비자와 소규모 생산자는 독점의 폐해를 온몸으로 겪을 수밖에 없었다. 이 '개미'들은 정치와 입법이라는 채널을 통해 상황을 바꾸고자 애를 썼지만, 그곳에서도 거대기업의 막강한 영향력에 부딪혀 절망하기 일쑤였다. 달걀로 바위 치기를 하는 심정이었다. 낙담하고 분노한 사람들은 거대기업을 수많은 촉수로 숨통을 조이는 문어 이미지로 형상화했다. 그림 20-3은 록펠러의 스탠더드오일을 석유저장 탱크 모양의 머리를 한 초대형 문어로 묘사했다. 물론 문어의 촉수는 산업시설만이 아니라 의회와 백악관에까지 뻗어 있다. 맨 앞에는 희생당한 기업가들의 모습이 그려져 있다.

우도 케플러의 아버지 조지프 케플러Joseph F. Keppler 1838~1894도 뛰

그림 20-3 우도 케플러, 「다음!」, 『퍽』, 1904년 9월 7일자.

어난 만평가였다. 그가 1889년에 발표한 그림 20-4는 일찍부터 미국 정치가 초대형 기업집단에 휘둘리고 있었음을 보여 준다. 「상원의 보스들」이라는 제목의 이 만평을 보면, 상원의원들 뒤로 엄청나게 큰 덩치의 기업집단(트러스트)들이 자리를 차지하고 있다. 이들은 '독점가용 입구'를 통해 의사당 안으로 들어선다. 반면에 왼편 멀리 '일반인 입구'는 빗장이 잠겨 있다. 상원의원들은 수시로 고개를 뒤로 돌려 거대 기업집단들의 눈치를 살핀다. 벽에 걸린 현판에는 '독점가의, 독점가에 의한, 독점가를 위한 상원!'(This is a Senate of the Monopolists by the Monopolists

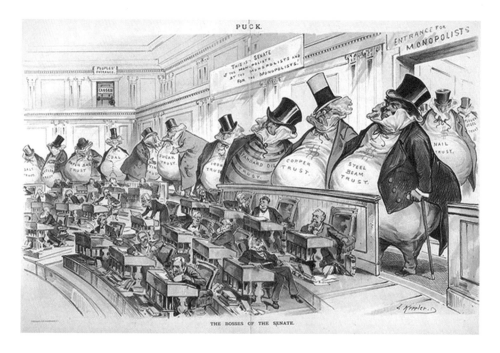

그림 20-4 조지프 케플러, 「상원의 보스들」, 『퍽』, 1889년 1월 23일자.

and for the Monopolists!)이라고 적혀 있다. 대자본의 영향력에 예속된 정치판에 대한 신랄한 풍자다.

특정 기업의 시장 지배력이 지나치게 커지면 다른 기업들이 진입하여 경쟁을 펼칠 기회는 애초에 차단되기 쉽다. 그리고 독점적 지위에 오른 기업들은 이윤을 극대화하기 위해 생산량을 조정하고 가격을 높게 유지한다. 이는 결국 소비자의 피해로 귀결된다. 이런 독점 폐해에 대한 비난 여론이 비등하자 정부는 개선책을 내놓아야만 했다. 마침내 1890년에 셔먼반독점법Sherman Antitrust Act이 제정되어 트러스트 조직을 불법화했다. 거대기업의 확장 가도에 끝이 보이기 시작한 것이다. 그러나 법률 제정이 곧바로 현실에서 힘을 발휘한 것은 아니었다. 20세기 초 시어도어 루스벨트Theodore Roosevelt, 1858~1919가 대통령직을 수행할 때까지 반독점법은 제대로 실행되지 못했다.

루스벨트의 개혁정책은 어떻게 묘사되었을까? 프랭크 낸키벨Frank A. Nankivell, 1869~1959의 그림 20-5에서 루스벨트가 어린 헤라클레스로 등장한다. 그리스신화에 나오는 이야기를 기억해 보자. 헤라클레스는 제우스 신과 인간인 여인 사이에서 태어났는데, 제우스가 헤라클레스를 편애하자 제우스의 아내인 헤라 여신이 이를 못마땅하게 여겨 8개월 된 헤라클레스의 요람에 두 마리의 독사를 풀어 놓는다. 그런데 헤라의 기대와는 달리 아기는 괴력으로 두 뱀의 목을 졸라 죽인다.

이 만평에서 루스벨트는 정치가 넬슨 앨드리치의 머리와 기업가 록펠러의 몸통을 쥐고 있다. 앨드리치는 전차, 설탕, 고무, 은행 산업 등에서 내부거래로 큰돈을 번 인물이었다. 그와 석유재벌 록펠러는 자식들의 혼인으로 1901년 사돈 지간이 되었다. 1906년에 발표된 이 그림에서 두 눈이 충혈된 위협적인 인물들을 루스벨트가 이를 악물고 제압하려 애쓰고 있다.

실제로 루스벨트와 그의 뒤를 이은 대통령들은 점차 거대기업의 경제적·정치적 영향력을 제압해 가는 데 성공했다. 1903년에 법무부 내에 독점금지국이 설립되었고, 1906년에는 스탠더드오일에 대한 소송이 제기되었다. 재판 결과 막강한 시장 지배력을 과시하던 스탠더드오일은

그림 20-5 프랭크 낸키벨, 「어린 헤라클레스와 스탠더드오일 뱀들」, 『퍽』, 1906년 5월 23일자.

1911년에 30개의 회사로 강제 분할되는 운명을 맞았다. 1914년에 제정된 클레이턴법Clayton Act은 반독점 규제를 더욱 강화했다. 이런 역사적 과정을 거쳐 미국은 거대기업의 독점력을 통제하는 제도적 장치를 갖추게 되었다.

다시 그림 20-1로 돌아가 보자. 단상의 인물은 미국을 의인화한 엉클 샘Uncle Sam이다. 철도사업가들이 클레이턴법이 제정된 해인 1914년에 함께 모여서 정부에 청원을 하고 있다. 철도요금을 인상하게 해 달라는 것이다. 과거에 독점적 지배력을 한껏 누렸던 밴더빌트는 유령의 모습으로 나타나 이 광경을 보고 깜짝 놀란다. 자신이 살던 시대에는 철도요금을 기업가 마음 내키는 대로 인상할 수 있었는데, 이제는 기업가들이 정부에 청원을 올리고 정부가 우호적으로 허가해 주기만을 간절히 기다려야 하는 시대가 도래한 것이다. 독점에 비판적이었던 우도 케플러는 그림 20-1을 통해 역사가 긍정적인 방향으로 변화해 갔다고 강조하려 했을 것이다.

미국에서 본격화된 기업합병과 독점화의 움직임은 곧 전 세계로 파급되었다. 영국과 프랑스처럼 초대형 기업이 상대적으로 덜 형성된 나라도 있지만, 독일과 일본에서는 합병 붐이 대대적으로 일어났다. 국적을 특정하기 어려운 초국적 성격의 기업집단들도 생겨났다. 또한 미국에서와 마찬가지로 시간이 흐르면서 독점기업을 통제하는 제도도 각국의 상황에 맞추어 발전해 갔다. 미국에서 시작된 거대기업 체제와 공정거래 제도는 이렇게 진화를 거듭하면서 세계경제의 모습을 바꿔 놓았다.

21

프랑스 흡혈귀는
독일 여인의 피를
빨고 산다?

제1차 세계대전 후
배상금과 채무 갈등,
세계화를 후퇴시키다

그림 21-1

『클라데라다치』에 수록된 만평,
1919년 7월.

침대에 기력이 없어 보이는 젊은 여인이 누워 있다. 그 곁에는 머리가 벗어지고 콧수염이 난 빼빼 마른 늙은 남자가 여인의 손목에서 피를 빨고 있다. 창밖에 두 마리의 박쥐가 날아다니는 걸로 보아 이 노인은 흡혈귀일 것이다. 1919년 독일의 한 잡지에 수록된 이 만평은 어떤 상황을 묘사하는 것일까?

그림 21-1을 자세히 들여다보자. 여인의 침대 아래쪽으로 독일군 철모와 칼과 방패가 놓여 있다. 방패에 그려진 독수리 형상은 두껍게 쳐진 커튼에도 희미하게 보인다. 누워 있는 여인이 독일을 상징한다는 것을 말해 준다. 제1차 세계대전에서 패배한 독일이 무장해제를 당한 채 병상에 누운 여인의 모습으로 표현된 것이다. 그렇다면 흡혈귀 노인은 누구일까? 프랑스의 조르주 클레망소Georges Clemenceau, 1841~1929 총리다. 이미 기력을 상실한 독일에게서 마지막 한 방울의 피까지 빨아

그림 21-2　윌리엄 오르펜, 「1919년 6월 28일 거울의 방에서 거행된 강화협정 서명식」, 1919년.

먹으려 하는 표독한 모습으로 그려져 있다. 1919년 독일의 일간 잡지 『클라데라다치Kladderadatsch』에 실린 만평이다.

지금으로부터 약 100년 전인 1914년에 제1차 세계대전이 발발했다. 이 전쟁은 유례 없는 규모의 인력과 자원이 동원된 총력전이었고, 엄청난 인적 및 물적 피해를 낳은 대재앙이었다. 4년간의 전쟁 끝에 영국 - 프랑스 - 러시아가 주축이 되고 뒤에 미국이 합류한 연합국 측이 독일 - 오스트리아 - 오스만제국의 동맹국 측을 누르고 승리했다. 승패가 확정되면 승자가 패자에게 굴욕을 안기는 의식이 거행되기 마련이다. 그림 21 -2는 바로 이 의식인 1919년 6월 강화조약의 체결 장면을 보여준다. 윌리엄 오르펜William Orpen, 1878~1931이 그린 그림의 중앙 앞쪽에 독일 측 대표 요하네스 벨이 등을 보이고 고개를 숙인 채 서명하고 있다. 이 모습을 연합국 측 대표들이 반대편에서 주시하고 있다. 가운데에 콧수염을 기른 클레망소 총리가 보이고, 그림의 왼편으로 미국의 윌슨 대통령이, 그리고 오른편으로 영국의 로이드 조지 총리가 앉아 있다.

인물들 뒤편으로 늘어선 대형 거울들이 인상적이다. 이 장소는 프랑스의 베르사유 궁전에 있는 '거울의 방Hall of Mirrors'이다. 오늘날 베르사유 궁전을 찾는 관람객들의 눈을 단번에 사로잡는 화려한 이 방은 과거 여러 차례 역사의 주 무대가 되었던 장소다. 중상주의 시절에는 프랑스 국왕 루이 14세가 유럽의 예술과 문화를 이끈다는 자부심 가득한 공간이었다. 그러나 1871년에는 보불전쟁에서 프랑스를 꺾은 프로이센의 빌헬름 1세가 독일 통일을 선포한 공간이기도 했다. 그림 21 -3은 독일의 역사화가 안톤 폰 베르너Anton von Werner, 1843~1915가 그린 「독일 제국의 선포」라는 작품이다. 이 그림에는 단상에 서 있는 빌헬름 1세와 더불어 아래쪽에 흰 제복을 입은 비스마르크의 늠름한 모습이 등장한다. 이렇게 화려했던 시절을 뒤로하고 이제 형세가 다시 뒤집혀 1919년에 이곳에서 독일이 프랑스에게 처절한 보복을 당하게 된 것이다.

연합국 측이 마련한 이 '베르사유 강화조약'에는 독일에 가혹한 내용이 담겨 있었다. 독일은 전쟁 이전 영토의 13퍼센트, 인구의 10퍼센트를 빼앗겼는데, 특히 알자스-로렌과 자르와 같은 알짜배기 공업 중심지가 포함됐다. 해외 식민지도 모두 상실했고, 군대도 무력화되었다. 더욱 치명적인 조항은 독일이 전쟁 배상금으로 연합국에게 330억 달러나 되는 거액을 지불해야 한다는 것이었다. 이 보복적 조치에 독일인들은 절망에 빠졌다. 현실적으로 패전국 독일은 배상금을 갚을 능력이 전혀 없었다.

이런 비현실적 내용이 조약에 포함된 데는 연합국 진영 내부의 사정이 있었다. 전쟁 과정에서 연합국은 막대한 비용이 필요했으므로, 미국에서 차입을 할 수밖에 없었다. 전쟁 이전에 순 채무국이었던 미국은 전쟁을 지나면서 세계 최대의 순 채권국으로 변모했다. 과거에 세계 최대의 채권국이었던 영국은 미국에 대규모 채무를 지게 되었고, 특히 국토 전역이 전쟁으로 파괴된 프랑스는 미국에 진 거액의 부채를 갚을 길이 막막한 상태가 되었다. 전쟁이 끝나자 유럽의 연합국들은 미국에 채무 탕감을 요청했으나 미국은 유럽의 기대를 저버리고 냉담하게 거부했

그림 21-3 안톤 폰 베르너, 「독일제국의 선포」, 1885년.

다. 그러자 유럽 연합국들은 프랑스의 주도로 대응책을 모색하게 되었는데, 이것이 바로 독일의 전쟁 배상금을 받아 미국에 채무를 변제하겠다는 방안이었다. 하지만 독일은 전쟁 배상금을 낼 능력이 없고, 유럽의 연합국들은 미국에 채무를 갚을 수가 없으며, 따라서 미국도 원하는 바를 얻을 수 없었다. 모두가 교착상태에 빠진 것이다.

영국 대표로 베르사유 협상에 참가했던 경제학자 존 메이너드 케인스는 이 조약이 독일에 과도한 부담을 강요했을 뿐만 아니라, 이런 조치가 유럽 전체의 경제회복에 악영향을 끼칠 것이라고 맹렬히 비판했다. 이 비판이 담긴 저서 『평화의 경제적 귀결The Economic Consequences of the Peace』은 1919~20년, 출간되자마자 유럽과 미국에서 곧바로 폭발적인 반응을 불러일으켰고, 케인스는 경제 부문의 최고 논객으로 떠올랐다.

케인스의 예상대로 유럽은 곧 본격적으로 문제에 맞닥뜨렸다. 여러 나라에서 생산과 무역이 혼란을 겪는 과정에서 인플레이션 압력이 높아졌다. 가장 심각한 상황을 맞은 것은 독일이었다. 재정적자가 증가하자 정부가 곧 세율을 인상할 것이라는 예상이 확산되었고, 이것이 자산을 해외로 유출하는 요인으로 작용했다. 정치 상황의 불안도 독일 자산의 해외 유출을 가속화했다. 이에 따라 자본수지가 악화되고 수입상품의 가격은 더 인상되었다. 이런 여러 요인들이 겹침으로써 독일에서는 엄청난 수준의 초인플레이션Hyperinflation이 발생했다. 1918~23년, 물가가 무려 1조 2,600억 배나 상승했다. 상황이 가장 나빴던 1922~23년에는 한때 물가가 한 달에 3만 배 가까이 오르기도 했다. 1923년 가을에 빵 한 덩이를 사려면 무려 200,000,000,000마르크를 지불해야 했다.

화폐의 가치가 이렇게 떨어지자 대중은 화폐에 대한 신뢰를 완전히 버렸다. 기존의 돈다발은 교환의 매개가 아니라 불쏘시개나 아이들의 장난감으로 전락했다. 정부도 정교한 디자인을 넣고 비싼 제작비를 들여 화폐를 찍어 낼 필요를 느끼지 못했다. 그림 21-4는 초인플레이션이 한창이던 1923년에 제작된 지폐를 보여 준다. 애초에 1천 마르크짜리였던 지폐 위에 붉은색 잉크로 1백만 마르크라고 인쇄를 했다. 어차피 머

그림 21-4 1923년 발행된 1백만 마르크 지폐.

지않아 못 쓰게 될 돈이지 않은가.

전쟁 배상금을 받기 어렵게 되자 프랑스와 벨기에는 1923년 독일의 루르 지방을 강제로 점령하기에 이르렀다. 그림 21-5는 자국의 공업지역을 빼앗긴 독일인들이 프랑스를 어떻게 인식했는지를 보여 준다. 루르 지방을 짓밟으면서 독일인들을 양손에 움켜쥔 '진격의 거인' 이미지였다. 더 이상 가난해질 수도, 절망적일 수도 없으리라 스스로 생각했던 독일인들에게 닥친 최후의 일격과 같았다. 독일은 이렇게 헤어 나기 어려운 수렁으로 빠져들어 갔다. 경제는 추락했고 중산층이 얇아지면서 정치적으로도 극단적 주장이 널리 퍼져 바이마르 공화국 체제

그림 21-5 루르를 침략한 프랑스를 괴물로 묘사한 그림, 1923년.

가 지녔던 민주주의적 기반이 뿌리째 흔들렸다.

게오르게 그로츠George Grosz, 1893~1959가 그린 「사회의 기둥」(그림 21-6)은 이러한 독일 사회에 대한 불안감을 예술가 특유의 직관으로 표현한 작품이다. 그림에는 앞에서부터 차례로 나치당원인 국수주의자, 극우파 출판업자, 머리에 똥이 가득한 정치인, 탐욕스러운 모습으로 축복을 내리는 성직자 등이 묘사되어 있다. 그림은 전체적으로 우경화된 독일 사회에 대한 우려와 또 다른 전쟁을 암시한다.

전시 채무와 전쟁 배상금을 둘러싼 갈등을 풀 실마리가 마련되는 데는 시간이 오래 걸렸다. 1924년 미국이 제안한 도즈 플랜Dawes Plan에 따

그림 21-6 게오르게 그로츠, 「사회의 기둥」, 1926년

라 독일이 전쟁 배상금을 매년 소액씩 나누어 지급하게 되었고, 미국의 차관이 독일로 들어가 경제에 다소나마 숨통을 열어 주었다. 1929년 영 플랜Young Plan으로 미국이 독일의 전쟁 배상금을 줄여 주고 지불 기한을 크게 늘려 준 이후에야 독일 화폐는 안정화의 길에 접어들 수 있었다.

유럽의 경험은 국제적 정책 공조와 리더십의 중요성을 잘 보여 준 다. 제1차 세계대전을 거치면서 세계경제의 중심축이 영국에서 미국으 로 이동한 상황에서 세계질서를 이끌 리더십이 존재하지 않았다. 당시 회자되던 문구처럼 "런던은 그만, 워싱턴은 아직No longer London, not yet Washington"인 상태였다. 미국과 유럽 각국이 자국의 단기적 이익을 위해 조그만 양보도 완강히 거부한 결과는 경제회복의 지연, 정치적 극단화, 그리고 사회적 불안의 증대뿐이었다. 이후 역사는 실제로 대공황, 블록 경제, 나치와 군국주의의 득세, 재무장을 거쳐 제2차 세계대전으로 연결 되는 암흑기를 맞았음을 우리는 기억한다.

클레망소는 베르사유 조약에서 주도적 역할을 한 인물이었다. 그림 21-1에서 그가 독일의 피를 빠는 흡혈귀로 그려진 것은 이런 이유에서 였다. 창밖을 맴도는, 흡혈귀와 같은 편에 있음이 분명한 두 마리의 박쥐 는 영국과 미국을 상징하는 것이리라. 국가들 간의 협의와 공조라는 긍 정적 의미의 세계화가 실종되었던 시대의 암울한 분위기를 참으로 잘 보 여 주는 그림이다.

22

산타클로스,
그 이미지의
진화

성인聖人에서
대중소비의 아이콘으로
변신하다

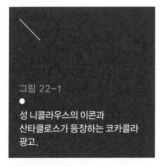

그림 22-1
●
성 니콜라우스의 이콘과
산타클로스가 등장하는 코카콜라
광고.

두 점의 그림이 있다. 왼쪽 그림은 동방정교회의 이콘으로, 한 성인을 묘사하고 있다, 호리호리한 몸매, 넓은 이마, 어두운 피부색, 짙은 턱수염을 한 이 인물은 4세기에 살았던 성 니콜라우스다. 과묵하고 진중한 인상을 풍긴다. 오른쪽 그림은 20세기 코카콜라 광고에 등장하는 산타클로스다. 뚱뚱한 체격에 발그스름한 혈색을 한 얼굴로 호탕하게 웃는 모습이 낯익다. 그런데 두 사람은 본래 동일 인물이다. **어떻게 성 니콜라우스는 전혀 다른 모습으로 현대 세계에 등장하게 되었을까?**

성 니콜라우스는 4세기에 활동한 성직자로 오늘날의 터키에서 태어났다. 그는 니케아 공의회에 참석하여 삼위일체설을 기독교의 정통이라고 결정하는 데 참여한 주교 가운데 한 명이었다. 교리를 둘러싼 입장보다 그를 더 유명하게 만든 것은 그가 생전에 보여 준 수많은 자선활동이었다. 지참금이 없어 사창가에 팔려 갈 위기에 처한 세 처자를 위해 몰래 금화주머니를 전해 주었다는 이야기가 대표적 선행으로 꼽힌다. 그의 선행이 무척이나 다양했던지 훗날 그는 선원, 궁수, 전당포 업자, 그리고 어린이의 수호성인으로 추앙받게 되었다.

한편 코카콜라 광고에 등장하는 산타클로스는 현대인들이 생각하는 산타클로스의 전형이다. 콜라를 여름용 음료뿐 아니라 사철 음료로 재탄생시키려는 기업 전략에 따라 1931년에 광고회사 다아씨D'Arcy가 기획하고 해든 선드블럼Haddon Sundblum이라는 작가가 그림을 그려 제작한 광고 시리즈였다. 이 시리즈가 선풍적인 인기를 끌면서 광고에 등장한 마음씨 좋아 보이고 혈기 넘치는 뚱보 할아버지의 모습이 소비자들의 뇌리에 강하게 새겨졌다. 선드블럼이 그린 산타클로스는 오늘날까지도 경쟁자 없이 거침없는 독주를 이어가고 있다. 사슴들이 끄는 썰매를 타고 차가운 겨울 밤하늘을 가로질러 굴뚝을 타고 들어가 착한 아이들의 양말에 선물을 넣어 주는 산타클로스는 세계인이 공유하는 공통적 이미지다. 크리스마스를 더운 계절에 맞이하는 남반구나 저위도 국가들에서도 산타클로스의 이미지는 거의 차이가 없다.

호리호리한 체격의 성 니콜라우스는 어떤 역사적 과정을 통해 풍채 좋은 산타클로스로 변신한 것일까? 먼저 기독교와 관련이 없는 문화가 영향을 끼쳤다. 중세 사회 이전 무렵, 유럽의 게르만족들은 다양한 겨울 축제를 즐겼는데, 그중에서 가장 대표적인 것이 율레Yule 축제였다. 추운 겨울에 유령의 무리가 밤하늘을 뚫고 행진을 하는데, 무리를 이끄는 이는 오딘Odin이라는 신이다. 이 신은 긴 턱수염에 망토를 입고서 회색 말들이 끄는 탈것에 올라탄 모습이었다. 중세 초기에 유럽 전역이 기독교로 개종을 하면서, 오딘의 모습이 전파되어 오늘날의 산타클로스와 부분적으로 비슷한 이미지가 자리를 잡게 됐다.

　중세를 거치면서 성 니콜라우스의 축일인 12월 6일에 어린이들에게 선물을 주는 관습이 굳어졌다. 한편 예수의 탄생을 기리는 날인 크리스마스는 4세기 이래 12월 25일에 기념했다. 시간이 흐를수록 크리스마스를 기념하는 사람들이 늘어났고, 축하 만찬은 더 화려해졌으며, 크리스마스 캐럴도 축제의 중요한 부분으로 자리매김했다. 16세기 초 종교개혁 분위기 속에서 마르틴 루터는 아이들이 성 니콜라스 축일보다 크리스마스를 선물 받는 날로 여기기를 바랐다. 성공회를 도입한 영국에서도 성 니콜라우스 축일을 더 이상 중시하지 않게 되면서 자연스럽게 영국판 산타클로스인 파더 크리스마스Father Christmas가 12월 25일에 등장하는 풍습이 확립되었다. 또한 네덜란드에서는 아이들에게 선물을 나눠주는 인물이 여럿이다가 점차 성 니콜라우스에 기초한 신터클라스Sinter-klaas로 통일되어 갔다.

　하지만, 산타클로스가 결정적으로 오늘날의 모습으로 진화한 것은 미국에서였다. 1624년 네덜란드의 이주민들이 미국 동북부의 한 해안지역을 정착지를 삼고서 뉴암스테르담New Amsterdam으로 명명했다. 1664년 이 지역을 점령한 영국인들은 뉴욕New York으로 개명을 했다. 이곳에 정착한 네덜란드계와 영국계 이주자들은 자국에서 들여온 크리스마스 풍습을 받아들여 혼합된 문화를 만들어 갔다. 산타클로스라는 이름도 네덜란드의 신터클라스가 미국식으로 발음이 변형되어 생겨난 것이었다.

그림 22-2 존 리치, 「현재 크리스마스의 유령」, 「크리스마스 캐럴」, 1843년.

19세기를 거치면서 산타클로스의 이미지는 오늘날의 모습에 더욱 가까워졌다. 1823년 미국인 클레멘트 무어가 지은 「성 니콜라우스의 방문A Visit from St. Nicholas」이라는 시가 대중적 인기를 끌었다. 그에 따라 크리스마스이브에 산타클로스가 찾아오기를 기다리는 풍습이 퍼졌다. 1843년 영국의 유명 소설가 찰스 디킨스가 발표한 『크리스마스 캐럴』은 크리스마스와 산타클로스를 전 세계에 알리는 역할을 했다. 그림 22-2는 초판에 삽입된 존 리치의 그림이다. 스크루지를 방문한 '현재 크리스마스의 유령'의 옷차림이 시선을 사로잡는다. 머리에 호랑가시나무로 만든 화환을 쓰고 두터운 외투를 입은 모습이다. 외투의 색깔이 빨강이 아니라 초록이라는 점이 눈길을 끈다.

산타클로스의 전형이 갖춰진 것은 19세기 중반 독일 출신의 삽화가로 미국에서 활동한 토마스 내스트Thomas Nast, 1840~1902의 공이었다. 내스트는 1863~86년에 산타클로스가 등장하는 크리스마스 그림을 총 32장 그려서 인기 잡지 『하퍼스 위클리』에 실었다. 그림 22-3은 그가 1872년에 그린 작품이다. 여기서 산타클로스는 뚱뚱한 몸매에 흰 턱수염이 가득하고, 흰 털을 덧댄 빨간 외투를 입고 있으며, 굴뚝으로 들어와 아이들이 걸어 놓은 양말 속에 선물을 남기는 인물로 그려져 있다. 오늘날의 산타클로스와 비교했을 때 유일한 차이점은 빨간 모자가 아니라 화환을 머리에 쓰고 있다는 것뿐이다.

그러나 산타클로스의 이미지가 비슷한 형태로 진화한 것은 아니었다. 그림 22-4는 1858년 같은 잡지에 실린 산타클로스의 모습을 보여

그림 22-3 토마스 내스트, 「산타클로스의 방문」, 「하퍼스 위클리」, 1872년.

그림 22-4 산타클로스의 모습, 「하퍼스 위클리」, 1858년.

준다. 여기에서 산타클로스의 모습은 사뭇 달랐다. 이 산타클로스는 수염을 기르지 않았고, 낯선 복장을 하고 있으며, 칠면조가 끄는 썰매를 타고 있다. 내스트의 그림이 나오기 불과 15년 전까지도 이렇게 산타클로스의 이미지는 다양했다. 산타클로스의 표준적 초상이 실질적으로 완성된 것은 내스트의 손끝에서였다고 해도 과언이 아니다.

산타클로스의 이미지와 크리스마스가 본격적으로 상업화의 길을 걷게 된 것은 19세기 말이었다. 1875년에는 영국에서 먼저 제작되었던 크리스마스카드가 미국에 도입되었다. 크리스마스카드의 상업적 잠재력을 인식한 독일 이민자 출신의 루이스 프랑은 매사추세츠에서 수백 명의 종업원을 고용하여 카드를 대량으로 제작하여 판매했다. 한편 백화점들은 화려한 전구 장식으로 사방을 장식하고서 소비자들을 유혹했다. 영국에서는 디킨스의 『크리스마스 캐럴』이 보여 주듯, 가족이 모여 오붓하게 크리스마스를 지내고 카드를 주고받는 빅토리아 시대의 크리스마스 문화가 일반적이었는데, 이것이 미국에서는 이윤을 추구하는 기업이 주도하는 형태로 달라진 것이다.

20세기 초 미국 경제와 문화의 영향력이 확대되면서 산타클로스도 세계적 유명세를 탔다. 그림 22-5는 시사 잡지 『퍽』에 실린 우도 케플러의 1902년 작품이다. 새로이 미국의 지배를 받게 된 필리핀에서 원주민 아이에게 산타클로스가 선물을 주는 모습이다. 산타클로스가 장난감에 앞서 아이에게 내미는 선물은 '엉클 샘이 필리핀인에게 보내는' 책 다발이다. 미국의 지배가 필리핀인에 대한 교육을 통해 '문명화'를 가져올 것

그림 22-5 우도 케플러, 「우리의 새 보유지에서 맞는 크리스마스」, 「퍽」, 1902년.

이라는 이미지를 전한다. 그런데 산타클로스는 무더운 날씨에도 불구하고 본국에서 입던 두꺼운 빨간색 외투 차림이다. 외투를 벗어들고 더위를 이기지 못해 부채질에 여념이 없는 산타클로스를 아이가 어리둥절한 눈빛으로 쳐다보고 있다. 이렇듯 20세기 초가 되면 서구 문화와 거리가 멀었던 지역까지도 크리스마스 문화가 전파되었다.

1931년, 마침내 코카콜라의 역사적인 산타클로스가 등장했다. 때는 대공황의 어두운 그림자가 짙게 드리웠던 시절이었다. 선드블럼이 그린 산타클로스의 호탕한 표정은 전통적인 비수기인 겨울철에 콜라 소비를 급증하게 했을 뿐만 아니라, 일반인에게도 불황과 실업으로 짓눌린 마음을 잠시나마 풀리게 하는 마력을 지녔다. 이렇듯 시대적 분위기를 잘 잡아 낸 덕에 코카콜라의 산타클로스는 전설적 광고의 반열에 올랐다.

자선을 상징했던 동로마의 성 니콜라우스는 비기독교 풍습과 신교적 문화의 영향을 받고서 산타클로스로 변신했고, 미국에서 본격적인 상업화를 거친 후 다시 전 세계로 전파되어 대중소비의 아이콘이 되었다. 그 과정에서 여러 시, 소설, 그림이 변신을 도왔다. 산타클로스의 이미지가 거쳐 온 변화 과정은 세계화의 구체적 진로가 예상하기 힘든, 참으로 길고도 복잡한 진화 과정임을 보여 준다.

ㅇ

되돌아보는 세계화의 역사

페레 보렐 델 카소, 「비평 피하기」, 1874년.

우리는 지금까지 그림을 힌트로 삼아 인류가 걸어 온 기나긴 역사의 여정을 살펴보았다. 제왕과 귀족과 평민과 노예, 종교적 인간과 세속적 인간, 동양인과 서양인, 정치가와 상인과 탐험가와 예술가가 만들어간 생생한 역사를 재구성해 보았다. 이 책은 특히 경제사의 관점에서 세계화가 인류사 속에서 어떻게 전진·정체·후퇴를 반복했는가를 살펴보았다. 이제 그림 속 여행에서 빠져나와 세계화의 속성에 대해 간략하게 정리해 보자.

　　세계화의 역사는 길었다. 도시국가 그리스에 제국 체제를 선사했던 알렉산더 대왕, 실크로드를 개척하기 위해 한 무제가 파견한 장건의 원정대가 고대의 국지적 세계화에 대해 알려 주었다. 중세에는 유라시아 무역을 주도했던 이슬람 상인의 활동과 마르코 폴로를 베스트셀러 작가로 탄생시킨 몽골 제국의 번영을 살펴보았다. 또한 팍스 몽골리카의 예기치 않은 부산물이었던 흑사병이 세계화를 후퇴시킨 아이러니도 목격했다. 1453년에는 오스만제국이 콘스탄티노플을 함락시킴으로써 세계

질서가 아시아 쪽으로 기우는 듯했다. 그러나 위기에 처한 유럽이 아시아와 아메리카로 이어지는 신항로를 개척함으로써 오히려 유럽이 헤게모니를 쥘 기회를 잡았다. 대항해 시대의 개막으로 지구 전체가 단일 경제권으로 통합되면서 본격적인 글로벌 시대가 열렸다. 아메리카를 무력으로 섭수한 스페인 정복지들이 채굴한 포토시 광산의 은銀은 전 세계를 돌면서 단일한 지구경제권을 형성했다.

중상주의 시대가 되자 금융 선진국 네덜란드에서는 선물과 옵션을 매개로 튤립 버블이 발생했고, 러시아는 모피 수요를 동기로 영토 확장을 이루었다. 뒤이어 나폴레옹은 이집트에서 지식의 우위를 확보하기 위해 영국과 경쟁했다.

인류사에 오점으로 기록될 사태들도 일어났다. 노예무역은 이윤을 위해 인간애를 포기한 탐욕의 산물이었고, 산업혁명과 더불어 발생한 산업재해는 수많은 사람들을 고통으로 몰아넣었다. 그러나 영국은 공업화의 선두주자로서 영광을 누리기도 했다. 1851년에 열린 최초의 만국박람회는 세계적으로 수집되고 개발된 지식과 기술의 총아이자 동시에 공업화를 전파한 촉매제였다.

19세기 중반부터는 지구상의 어떤 국가도 세계화에서 자유로울 수 없게 되었다. 영국 경제에 편입되어 있었던 아일랜드에서는 감자 기근으로 수많은 사람들이 사망하거나 신세계로의 이민 길에 올랐다. 일본은 미국의 요구를 계기로 개항한 후 빠른 속도로 서구식 근대화를 추진했다. 미국에서는 대평원을 누비던 버펄로가 개척 시대를 맞아 멸종위기로 내몰렸다. 인도는 영국의 식민지로 전락한 후 외적으로는 철도 부설과 같은 근대화를 경험했지만, 그 이득은 결국 영국 자본가들에게 돌아갔다. 한편 서구의 중산층은 관광 여행을 통해 외국인들과 교류하고 해외 문화를 습득했다. 19세기 말에는 거대기업이 등장하여 시장지배력을 극대화하는 행태를 보였으나 반독점 입법이 등장함에 따라 점차 규제 대상이 되었다.

20세기 전반은 두 차례의 세계대전과 대공황으로 세계화가 확연하게 후퇴한 시기였다. 제1차 세계대전 종전 후 서구 국가들은 전쟁 배상금과 전시 채무를 둘러싼 갈등에서 헤어나지 못했다. 그 속에서 독일은 하이퍼인플레이션을 경험했고 다른 국가들도 경제회복을 이루지 못했다. 국제적 공조가 없으면 모두가 패배자가 될 수 있다는 뼈저린 교훈을 남긴 사건이었다. 마지막으로 20세기는 대중문화의 통합과 세계화를 경험한 시기이기도 했다. 크리스마스와 산타클로스의 이미지가 진화한 과정이 이를 잘 보여 주었다.

도대체 세계화는 왜 이루어지는 것일까? 세계화의 흐름을 만들어낸 인간의 동기는 무척이나 다양했다. 정치적·군사적으로는 보다 더 넓은 영토, 보다 더 많은 노동력, 보다 더 풍부한 자원을 획득하기 위한 전쟁이 세계화를 강제했다. 무역상들은 위험을 무릅쓰고 교역로를 뚫었고 금융가들은 투자수익을 극대화하는 활동을 통해 경제적 동기를 실현하며 세계화를 이루었다. 종교는 세계화의 추세에 영향을 미치는 또 다른 요인이었다. 강력한 전도의 열망이 기존의 완강한 지역적 장벽을 뚫기도 하고, 새로운 가치체계와 사고방식, 생활양식이 종교를 타고 다른 문화권에 전파되기도 했다. 한편 기술 발달은 인간의 의욕만으로는 이루지 못했던 수준의 교류와 교역을 가능하게 했다. 교통과 통신 기술의 혁신이 세계를 가깝게 만드는 데 특히 중요한 역할을 했다. 세계화는 이런 다양한 동기가 복합적으로 삭용하면서 이루어졌다. 따라서 이들 가운데 한두 요소만을 강조해서 역사를 파악해서는 전체적인 역사상을 놓치기 쉽다.

세계화는 우리에게 이로운가 아니면 해로운가? 이 질문에 대한 대답은 세계화가 어떤 방식으로 이루어졌는가와 관련이 깊다. 간단히 말해 자발적으로 이루어진 세계화는 이득이 많을 것이고 강제적으로 이루어진 세계화는 해악이 많을 것이다. 이를테면 개인이 휴가를 맞아 떠난 해외여행이 자발적 세계화다. 반면에, 금융위기에 빠진 나라에 구제 자금을 제공하면서 시장개방을 필수조건으로 내건 국제기구의 요구는 반#강제적 세계화이고, 아편전쟁에서 승리한 영국이 패전국 중국을 개항시킨 것은 강제적 세계화다.

세계화가 의식적인 노력으로 이루어졌는지 여부도 중요하다. 외교관계 수립이나 기술 보급이 의도한 세계화라면, 전염병의 확산은 세계화가 초래한 의도치 않은 부산물이다. 세계화의 추진 주체나 속도에 대해서도 사회 구성원들의 견해가 불일치하는 경우가 많다. 개항기에 아시아인들이 서구화에 보인 반응을 생각해 보면 쉽게 수긍이 갈 것이다.

이렇듯 세계화의 역사는 복잡하다. 국적, 계층, 직업, 가치관이 서로 다른 사람들이 각자의 시대적 배경 위에서 영향을 주면서 때로는 의식적으로 그리고 때로는 우연적으로 세계화의 모습을 형성해 간다. 21세기를 살아가는 우리들은 세계화를 너무 단순하게 이분법적으로 이해하고 있는 것은 아닐까?

공통

과달루피, 지안니 지음, 이혜소·김택규 옮김, 『중국의 발견: 서양과 동양 문명의 조우』, 생각의나무, 2004 (원저: G. Guadalupi, *China Revealed*, White Star, 2003).

노스, 더글러스·토머스 로버트 지음, 이상호 옮김, 『서구 세계의 성장』, 자유기업센터, 1999 (원저: D.C. North & R.P. Thomas, *The Rise of the Western World*, Cambridge University Press, 1976).

로드릭, 대니 지음, 제현주 옮김, 『더 나은 세계화를 말하다』, 북돋움, 2009 (원저: Dani Rodrik, *One Economics, Many Recipes: Globalization, Institutions, and Economic Growth*, Princeton University Press, 2009).

리비-바치, 마시모 지음, 송병건·허은경 옮김, 『세계인구의 역사』, 해남, 2009 (원저: Massimo Livi-Bacci, *A Concise History of World Population*, Blackwell, 2007).

마르크스, 로버트 B. 지음, 윤영호 옮김, 『어떻게 세계는 서양이 주도하게 되었는가』, 사이, 2014 (원저: Robert B. Marks, *The Origins of the Modern World*, Rowman & Littlefield Publishers, 2006).

맥닐, 존·윌리엄 맥닐 지음, 유정희·김우영 옮김, 『휴먼 웹: 세계화의 세계사』, 이산, 2007 (원저: John R. McNeill and William H. McNeill, *The Human Web: A Bird's Eye View of World History*, Norton, 2003).

문소영, 『그림 속 경제학』, 이다미디어, 2014.

송병건, 『세계경제사 들어서기』, 해남, 2013.

_____, 『경제사: 세계화와 세계 경제의 역사』, 2판, 해남, 2014.

애쓰모글루, 대런·제임스 A. 로빈슨 지음, 최완규 옮김, 『국가는 왜 실패하는가』, 시공
    사, 2012 (원저: Daron Acemoglu and James A. Robinson, *Why Nations
    Fail*, Crown Publishing, 2012).

양동휴, 『세계화의 역사적 조망』, 서울대학교출판부, 2007.

우정아, 『명작, 역사를 만나다』, 아트북스, 2012.

이주헌, 『역사의 미술관』, 문학동네, 2011.

_____, 『서양미술 특강』, 아트북스, 2014.

이진숙, 『시대를 훔친 미술』, 민음사, 2015.

장하준 지음, 형성백 옮김, 『사다리 걷어차기』, 부키, 2004 (원저: Ha-Joon Chang,
    Kicking Away the Ladder, Anthem Press, 2002).

찬다, 나얀 지음, 유인선 옮김, 『세계화, 전 지구적 통합의 역사』, 모티브, 2007 (원저:
    Nayan Chanda, *Bound Together: How Traders, Preachers, Adventurers,
    and Warriors Shaped Globalization*, Yale University Press, 2007).

클라크, 그레고리 지음, 이은주 옮김, 『맬서스, 산업혁명, 그리고 이해할 수 없는 신세
    계』, 한스미디어, 2009 (원저: Gregory Clark, *A Farewell to Alms*, Princeton
    University Press, 2008).

킨들버거, 찰스 지음, 주경철 옮김, 『경제강대국 흥망사, 1500-1990』, 까치, 2004 (원저:
    Charles P. Kindleberger, *World Economic Primacy: 1500-1990*, Oxford
    University Press, 1996).

프랑크, 안드레 군더 지음, 이희재 옮김, 『리오리엔트』, 이산, 2003 (원저: A.G. Frank,
    ReOrient: Global Economy in the Asian Age, University of California
    Press, 1998).

하트 데이비스, 애덤 지음, 윤은진·정범진·최재인 옮김, 『히스토리』, 북하우스, 2009
    (원저: Adam Hart-Davis, *History*, Dorlington Kingsley, 2007).

헬드, 데이비드·앤터니 맥그루·데이비드 골드블라트·조너선 페라턴 지음, 조효제 옮
    김, 『전지구적 변환』, 창작과비평사, 1999 (원저: David Held, Anthony Mc-
    Grew, David Goldblatt & Jonathan Perraton, *Global Transformation*,
    Stanford University Press, 1999).

Bentley, J.H., H.F. Ziegler & H.E. Streets-Salter, *Traditions and Encounters, 2nd edn., 2 vols.*, McGraw-Hill, 2010.

Bordo, M.D., A.M. Taylor & J.G. Williamson, eds., *Globalization in Historical Perspective*, University of Chicago Press, 2003.

Findlay, R. & K.H. O'Rourke, *Power and Plenty: Trade, War, and the World Economy in the Second Millennium*, Princeton University Press, 2007.

Graff, M., A.G. Kenwood & A.L. Lougheed, *Growth of International Economy, 1820-2015, 5th edn.*, Routledge, 2014.

Hopkins, A.G., ed., *Globalization in World History*, Norton, 2002.

Landes, David S. *Wealth and Poverty of Nations*. Hachette, 2015.

Maddison, Angus. *Contours of the World Economy 1-2030 AD: Essays in Macroeconomic History*. Oxford University Press, 2007.

Mokyr, Joel, *The Lever of Riches: Technological Creativity and Economic Progress*, Oxford University Press, 1990.

Parthasarathi, Prasannan. *Why Europe Grew Rich and Asia Did Not: Global Economic Divergence, 1600–1850.* Cambridge University Press, 2011.

Pomeranz, Kenneth, *The Great Divergence: China, Europe, and the Making of the Modern World Economy*, Princeton University Press, 2001.

Williams, J., *Money: A History*, Palgrave, 1998.

Williamson, Jeffrey G., *Globalization and the Poor Periphery before 1950*, MIT Press, 2006.

Wrigley, E.A., *Continuity, Chance and Change*, Cambridge University Press, 1988.

1장 죽어 가는 자, 위로하는 자는 누구인가?

월뱅크, F.W. 지음, 김경현 옮김, 『헬레니즘 세계』, 아카넷, 2002 (원저: F.W. Walbank, *Hellenistic World, revised edn.*, Harvard University Press, 1993).

Bosworth, Albert Brian, *Conquest and Empire: the Reign of Alexander the Great*, Cambridge University Press, 1993.

Carney, Elizabeth & Daniel Ogden eds., *Philip II and Alexander the Great: Father and Son, Lives and Afterlives*, Oxford University Press, 2010.

Cartledge, Paul, *Alexander the Great: the Hunt for a New Past*, Pan Macmillan, 2011.

Cary, George, *The Medieval Alexander*, Cambridge University Press, 1956.

Fraser, Peter Marshall, *Cities of Alexander the Great*, Clarendon Press, 1996.

Freeman, Philip, *Alexander the Great*, Simon & Schuster, 2011.

Hammond, Nicholas Geoffrey Lemprière, *Three Historians of Alexander the Great*, Cambridge University Press, 2007.

Rogers, Guy MacLean, *Alexander: The Ambiguity of Greatness*, Random House, 2004.

Rufus, Quintus Curtius & John Yardley, *The History of Alexander*, Penguin, 2004.

Stoneman, Richard, *Alexander the Great: a Life in Legend*, Yale University Press, 2010.

Stoneman, Richard, Kyle Erickson & Ian Netton, eds., *The Alexander Romance in Persia and the East*, Barkhuis, 2012.

2장 한漢 무제武帝의 예불?

벤틀리, 제리 지음, 김병화 옮김, 『고대세계의 만남』, 학고재, 2006 (원저: J.H. Bently, *Old World Encounters*, Oxford University Press, 1993).

정수일, 『씰크로드학』, 창작과비평사, 2001.

Boulnois, Luce, *Silk Road: Monks, Warriors & Merchants*, Odyssey Books, 2005.

Ch'En, Kenneth Kuan Sheng, *Chinese Tranformation of Buddhism*, Princeton University Press, 2015.

Foltz, Richard, *Religions of the Silk Road: Premodern Patterns of Globalization*, *2nd edn.*, Palgrave Macmillan, 2010.

Gernet, Jacques & Franciscus Verellen, *Buddhism in Chinese Society: An Economic History from the Fifth to the Tenth Centuries*, Columbia University

Press, 1995.

Lewis, Mark Edward & Timothy Brook, eds., *The Early Chinese Empires: Qin and Han*, Harvard University Press, 2009.

Ma, Debin, *The Great Silk Exchange: How the World Was Connected and Developed*, Routledge, 1998.

Riu, Xinru, *The Silk Road in World History*, Oxford University Press, 2010.

Yü, Ying-shih, *Trade and Expansion in Han China*, University of California Press, 1967.

Whitfield, Roderick, Susan Whitfield & Neville Agnew, *Cave Temples of Mogao: Art and History on the Silk Road, 2nd edn.*, Getty Publications, 2015.

3장 장거리 무역의 귀재

로빈슨, 프랜시스 외 지음, 손주영 외 옮김, 『케임브리지 이슬람사』, 시공사, 2002 (원저: Fransis Robinson et al., *The Cambridge Illustrated History of Islam World*, Cambridge University Press, 1994).

커틴, 필립 D. 지음, 김병순 옮김, 『경제인류학으로 본 세계 무역의 역사』, 모티브, 2007 (원저: Philip D. Curtin, *Cross-Cultural Trade in World History*, Cambridge University Press, 1984).

Chaudhuri, Kirti N., *Trade and Civilisation in the Indian Ocean: An Economic History from the Rise of Islam to 1750*, Cambridge University Press, 1985.

Dallal, Ahmad S., *Islam, Science, and the Challenge of History*, Yale University Press, 2010.

Esposito, John L., ed., *The Oxford History of Islam*, Oxford University Press, 1999.

Huff, Toby E., *The Rise of Early Modern Science: Islam, China and the West*, Cambridge University Press, 2003.

Levtzion, Nehemia & Randall Pouwels, eds., *The History of Islam in Africa*, Ohio University Press, 2000.

Lewis, Bernard, *Islam and the West*, Oxford University Press, 1993.

McPherson, Kenneth, *The Indian Ocean: A History of People and the Sea*, Oxford University Press, 1993.

Saunders, John Joseph, *A History of Medieval Islam*, Routledge, 2002.

Sheriff, Abdul, *Dhow Culture of the Indian Ocean: Cosmopolitanism, Commerce and Islam*, Columbia University Press, 2010.

Watt, William Montgomery, *The Influence of Islam on Medieval Europe*, Edinburgh University Press, 1972.

4장 무엇이 그들을 끔찍한 죽음으로 몰아넣었나?

맥닐, 윌리엄 지음, 김우영 옮김, 『전염병의 세계사』, 이산, 2005 (원저: William H. McNeill, *Plagues and Peoples*, Anchor, 1976).

바투타, 이븐 지음, 정수일 역주, 『이븐 바투타 여행기 1, 2』, 창작과비평사, 2001 (원저: Ibn Batuta, *The Travels of Ibn Batuta*).

아부-루고드, 재닛 지음, 박홍식·이은정 옮김, 『유럽 패권 이전』, 까치, 2006 (원저: Janet L. Abu-Lughod, *Before European Hegemony: The World System A.D. 1250-1350*, Oxford University Press, 1991).

Aberth, John, *The Black Death: The Great Mortality of 1348-1350*, Palgrave Macmillan, 2005.

Cantor, Norman F., *In the Wake of the Plague: the Black Death and the World It Made*, Simon & Schuster, 2001.

Dols, Michael Walters, *The Black Death in the Middle East*, Princeton University Press, 1977.

Gottfried, Robert S., *Black Death*, Simon & Schuster, 2010.

Herlihy, David & Samuel Kline Cohn Jr., *The Black Death and the Transformation of the West*, Harvard University Press, 1997.

Huppert, George, *After the Black Death: A Social History of Early Modern Europe*, Indiana University Press, 1998.

Kieckhefer, Richard, 'Radical tendencies in the flagellant movement of the mid-fourteenth century,' *Journal of Medieval and Renaissance Studies* 4(2),

1974.

Liu, Xinru & Lynda Shaffer, *Connections Across Eurasia: Transportation, Communication, and Cultural Exchange on the Silk Roads*, McGraw-Hill, 2007.

Wang, Gungwu, *The Chinese Overseas: From Earthbound China to the Quest for Autonomy*, Harvard University Press, 2009.

Ziegler, Philip, *The Black Death*, Faber & Faber, 2013.

5장 허풍쟁이의 베스트셀러 탄생기

에브리, 페트리샤 버클리 지음, 이동진 외 옮김, 『케임브리지 중국사』, 시공사, 2001 (원저: P.B. Ebrey, *Cambridge Illustrated History of China*, Cambridge University Press, 1999).

폴로, 마르코 지음, 김호동 옮김, 『동방견문록』, 사계절, 2000 (원저: Polo, Marco, *The Travels of Marco Polo*, Penguin Classics, 1958).

Ashtor, Eliyahu, *Levant Trade in the Middle Ages*, Princeton University Press, 2014.

Benedetto, Luigi Foscolo, *The Travels of Marco Polo*, Routledge, 2014.

Brook, Timothy, *The Troubled Empire*, Harvard University Press, 2010.

Farrell, Kenneth T., *Spices, Condiments and Seasonings*, Springer Science & Business Media, 1998.

Kang, David Chanoong, *East Asia Before the West: Five Centuries of Trade and Tribute*, Columbia University Press, 2010.

Larner, John, *Marco Polo and the Discovery of the World*, Yale University Press, 1999.

Olschki, Leonardo, *Marco Polo's Asia*, University of California Press, 1960.

Wittkower, Rudolf, Marco *Polo and the Pictorial Tradition of the Marvels of the East*, Thames & Hudon, 1958.

Wood, Frances, 'Did Marco Polo go to China?', *Asian Affairs* 27(3), 1996.

6장 콘스탄티노플의 철옹성은 어떻게 무너졌나?

런치만, 스티븐 지음, 이순호 옮김, 『1453 콘스탄티노플 최후의 날』, 갈라파고스, 2004
  (원저: Steven Runchman, *The Fall of Constantinople 1453*, Cambridge
  University Press, 1965).

Angold, Michael, *The Fall of Constantinople to the Ottomans: Context and Con-*
  sequences, Routledge, 2014.

Babinger, Franz, *Mehmed the Conqueror and His Time*, Princeton University
  Press, 1992.

Goffman, Daniel, *The Ottoman Empire and Early Modern Europe*, Cambridge
  University Press, 2002.

Oakes, Simon P., 'Bellini and The East,' *Renaissance Studies* 21(3), 2007.

Philippides, Marios & Walter K. Hanak, *The Siege and the Fall of Constantinople*
  in 1453: Historiography, Topography, and Military Studies, Ashgate
  Publishing, 2011.

Runciman, Steven, *The Fall of Constantinople 1453*, Cambridge University Press,
  2012.

Wittek, Paul, *Rise of the Ottoman Empire*. Routledge, 2013.

7장 임진왜란과 세계 노예무역, 그 함수 관계

빌라르, 피에르 지음, 김현일 옮김, 『금과 화폐의 역사, 1450-1920』, 까치, 2000 (원저:
  Pierre Vilar, *Or et Monnaie dans L'histoire 1450-1920*).

Bakewell, Peter. *Miners of the Red Mountain: Indian Labor in Potosi, 1545-1650*,
  University of New Mexico Press, 2010.

Davies, Glyn, *History of Money*, University of Wales Press, 2002.

Von Glahn, Richard, *Fountain of Fortune: Money and Monetary Policy in Chi-*
  na, 1000-1700, University of California Press, 1996.

Hanke, Lewis, *The Imperial City of Potosi*, Springer Science & Business Media,
  1956.

Kindleberger, Charles Poor, *A Financial History of Western Europe*, Taylor & Francis, 2005.

Robins, Nicholas A., *Mercury, Mining, and Empire: The Human and Ecological Cost of Colonial Silver Mining in the Andes*, Indiana University Press, 2011.

Stein, Stanley J. & Barbara H. Stein, *Silver, Trade, and War: Spain and America in the Making of Early Modern Europe*, JHU Press, 2000.

Thomas, Hugh, *The Slave Trade: The Story of the Atlantic Slave Trade: 1440-1870*, Simon & Schuster, 1997.

Vogel, Hans Ulrich, 'Chinese central monetary policy, 1644–1800', *Late Imperial China* 8(2), 1987.

Xiantang, Li. 'The paradoxical effect of silver in the economies of Ming and Qing China: on the new myth created by the "global economic view" of Andre Gunder Frank and Kenneth Pomeranz', *Chinese Studies in History* 45(1), 2011.

Xu, D. & C. Wu, *Chinese Capitalism, 1522–1840*, Macmillan, 1999.

8장 백지에서 시작된 유럽의 지식 혁명

바스베인스, 니콜라스 A., 정지현 옮김, 『종이의 역사: 2000년 종이의 역사에 관한 모든 것』, 21세기북스, 2014 (원저: Nicholas A. Basbanes, *On Paper: The Everything of Its Two-Thousand-Year History*, Vintage, 2014).

베버, 막스 지음, 박종선 옮김, 『프로테스탄트 윤리와 자본주의정신』, 고려원, 1996 (원저: Max Weber, *Die Protestantische Ethik und der Geist des Kapitalismus*, Mohr, 1934).

Bloom, Jonathan, *Paper Before Print: The History and Impact of Paper in the Islamic World*, Yale University Press, 2001.

Briggs, Asa & Peter Burke, *A Social History of the Media: From Gutenberg to the Internet*, Polity, 2002.

Deibert, Ronald J., *Parchment, Printing, and Hypermedia: Communication and World Order Transformation*, Columbia University Press, 2013.

Eisenstein, Elizabeth L., *The Printing Revolution in Early Modern Europe*, Cambridge University Press, 2005.

Febvre, Lucien & Henri-Jean Martin, *The Coming of the Book: The Impact of Printing 1450–1800*, Verso, 1997.

Greenberger, Robert, *The Technology of Ancient China*, Rosen Publishing Group, 2006.

Hunter, Dard, *Papermaking: The History and Technique of an Ancient Craft*, Courier Dover Publications, 1978.

Myers, Robin & Michael Harris, eds., *A Millennium of the Book: Production, Design & Illustration in Manuscript & Print, 900-1900*, St Paul's Bibliographies, 1994.

Suarez, Michael F.S.J. & H.R. Woudhuysen, *The Book: A Global History*, Oxford University Press, 2013.

9장 역사상 최고가의 꽃

대시, 마이크 지음, 정주연 옮김, 『튤립, 그 아름다움과 투기의 역사』, 지호, 2002 (원저: Mike Dash, *Tulipomania: The Story of the World's Most Coveted Flower and the Extraordinary Passions It Aroused*, Broadway, 2001).

De Vries, Jan & A. Van der Woude. *The First Modern Economy: Success, Failure, and Perseverance of the Dutch Economy, 1500-1815*, Cambridge University Press, 1997.

Garber, P.M., *Famous First Bubbles: The Fundamentals of Early Manias*, MIT Press, 2000.

Goldgar, A., *Tulipmania: Money, Honor, and Knowledge in the Dutch Golden Age*, Chicago University Press, 2007.

Kindleberger, C.P., *A Financial History of Western Europe*, Taylor & Francis, 2005.

Kindleberger, C.P. & R.Z. Aliber, *Manias, Panics and Crashes: A History of Fi-*

nancial Crises, John Wiley & Sons, 2005.

Mackay, C., *Memoirs of Extraordinary Popular Delusions and the Madness of Crowds,* L.C. Page & Company, 1932.[1852]

Thompson, Earl A., 'The tulipmania: fact or artifact,' *Public Choice,* 130(1–2), 2006.

10장 세계 최대 국가의 탄생 배경

랴자놉스키, 니콜라스 V·마크 D. 스타인버그 지음, 조호연 옮김, 『러시아의 역사 상, 하』, 8판, 까치, 2011 (원저: Nicholas V. Riasanovsky & Mark Steinberg, *A History of Russia, 8th edn.,* Oxford University Press, 2010).

찌모쉬나, 따쩨야나미하일로브나 지음, 이재영 옮김, 『러시아 경제사』, 한길사, 2006.

Armstrong, Terence, *Russian Settlement in the North,* Cambridge University Press, 2010.

Dukes, Paul, *A History of Russia: Medieval, Modern, Contemporary, C. 882-1996,* Macmillan, 1998.

Fisher, Raymond Henry, *The Russian Fur Trade, 1550-1700,* University of California Press, 1943.

Forsyth, James, *A History of the Peoples of Siberia: Russia's North Asian Colony 1581-1990,* Cambridge University Press, 1994.

Lincoln, W. Bruce, *The Conquest of a Continent: Siberia and the Russians,* Cornell University Press, 2007.

Martin, Janet, *Treasure of the Land of Darkness: The Fur Trade and Its Significance for Medieval Russia,* Cambridge University Press, 2004.

McCabe, Ina Baghdiantz, *A History of Global Consumption: 1500-1800,* Routledge, 2014.

Vinkovetsky, Ilya, *Russian America: An Overseas Colony of a Continental Empire, 1804-1867,* Oxford University Press, 2011.

11장 나폴레옹이 스핑크스를 납작코로 만들었다?

솔레, 로베르 지음, 이상빈 옮김, 『나폴레옹 이집트 원정기 백과전서의 여행』, 아테네, 2013 (원저: Robert Solé, *Les Savants de Bonaparte*, Editions du Sueil, 1998).

Chandler, David G., *The Campaigns of Napoleon*, Simon & Schuster, 2009.

Cole, Juan, *Napoleon's Egypt: Invading the Middle East*, Palgrave Macmillan, 2007.

Doguereau, Jean-Pierre, *Guns in the Desert: General Jean-Pierre Doguereau's Journal of Napoleon's Egyptian Expedition*, Greenwood Publishing Group, 2002.

Parkinson, Richard B., et al., *Cracking Codes: the Rosetta Stone and Decipherment*, University of California Press, 1999.

Richmond, John C., *Egypt, 1798-1952 (RLE Egypt): Her Advance Towards a Modern Identity*, Routledge, 2013.

Russell, Terence M., *The Discovery of Egypt: Vivant Demon's Travels With Napoleon's Army*, The History Press, 2013.

Watson, William E., *Tricolor and Crescent: France and the Islamic World*, Greenwood, 2003.

12장 인간의 탐욕이 낳은 가장 잔인한 무역품

주경철, 『대항해시대』, 서울대학교출판부, 2008.

포메란츠, 케네스·스티븐 토픽 지음, 박광식 옮김, 『설탕, 커피, 그리고 폭력』, 심산, 2003 (원저: Kenneth Pomeranz and Steven Topik, *The World that Trade Created*, M.E. Sharp, 2000).

Bethell, Leslie, *The Abolition of the Brazilian Slave Trade: Britain, Brazil and the Slave Trade Question*, Cambridge University Press, 2009.

Eltis, David, *The Rise of African Slavery in the Americas*, Cambridge University Press, 2000.

Hopkins, Antony Gerald, *An Economic History of West Africa*, Routledge, 2014.

Johnson, Charles, *Middle Passage*, Simon & Schuster, 2012.

Klein, Herbert S. & Ben Vinson, *African Slavery in Latin America and the Caribbean*, Oxford University Press, 2007.

Lloyd, Christopher, *The Navy and the Slave Trade: The Suppression of the African Slave Trade in the Nineteenth Century*, Routledge, 2012.

Lovejoy, P.E., *Transformations in Slavery*, Cambridge University Press, 2000.

McInnis, Maurie D., *Slaves Waiting for Sale: Abolitionist Art and the American Slave Trade*, University of Chicago Press, 2011.

Ryden, David, *West Indian Slavery and British Abolition, 1783-1807*, Cambridge University Press, 2009.

Shaw, Rosalind, *Memories of the Slave Trade: Ritual and the Historical Imagination in Sierra Leone*, University of Chicago Press, 2002.

Sherwood, Marika, *After Abolition: Britain and the Slave Trade since 1807*, IB Tauris, 2007.

Thomas, H., *The Slave Trade: The Story of the Atlantic Slave Trade, 1440-1870*, Simon & Schuster, 1997.

13장 석탄과 기계 시대의 재해

송병건, 『산업재해의 탄생: 직업병과 사고에 대한 산업사회 영국의 대응, 1750-1900』, 해남, 2015.

이영석, 『공장의 역사: 근대 영국 사회와 생산, 언어, 정치』, 푸른역사, 2012.

Bartrip, P.W.J. & Sandra B. Burman, *The Wounded Soldiers of Industry: Industrial Compensation Policy, 1833-1897*, Oxford university Press, 1984.

Floud, R., K. Wachter & A. Gregory, *Height, health and History*, Cambridge University Press, 1990.

Fraser, D., *The Evolution of the British Welfare State: A History of Social Policy since the Industrial Revolution, 4th edn.*, Palgrave Macmillan, 2009.

Hennock, Ernest Peter, *The Origin of the Welfare State in England and Germa-*

ny, 1850-1914: Social Policies Compared, Cambridge University Press, 2007.

Hear, Kate, *High Spirits: The Comic Art of Thomas Rowlandson*, Royal Collection Trust, 2013.

Kirby, P., *Child Workers and Industrial Health in Britain, 1780-1850*, Boydell Press, 2013.

Mommsen, W., ed., *The Emergence of the Welfare State in Britain and Germany 1850-1950*, Croom Helm, 1981.

Sellers, Christopher & Joseph Melling, eds., *Dangerous Trade: Histories of Industrial Hazard Across a Globalizing World*, Temple University Press, 2011.

Strange, K.H., *Climbing Boys: A Study of Sweeps' Apprentices 1773-1875*, Allison & Busby, 1982.

14장 영국의 '3중 전성시대'

Allen, R.C., *The British Industrial Revolution in Global Perspective*, Cambridge: Cambridge University Press, 2009.

Armstrong, Isobel, *Victorian Glassworlds: Glass Culture and the Imagination 1830-1880*, Oxford University Press, 2008.

Auerbach, Jeffrey A. & Peter H. Hoffenberg, eds., *Britain, the Empire, and the World at the Great Exhibition of 1851*, Ashgate Publishing, 2008.

Buzard, James, Joseph W. Childers & Eileen Gillooly, *Victorian Prism: Refractions of the Crystal Palace*, University of Virginia Press, 2007.

Fay, Charles Ryle, *Palace of industry, 1851: A Study of the Great Exhibition and Its Fruits*, Cambridge University Press, 2011.

Hobhouse, Hermione, ed., *The Crystal Palace and the Great Exhibition: Science, Art and Productive Industry: The History of the Royal Commission for the Exhibition of 1851*, A&C Black, 2002.

Moser, Stephanie, *Designing Antiquity: Owen Jones, Ancient Egypt and the Crystal Palace*, Yale University Press, 2012.

Purbrick, Louise, *The Great Exhibition of 1851: New Interdisciplinary Essays*, Manchester University Press, 2001.

Tallis, John & Jacob George Strutt, *History and Description of the Crystal Palace: And the Exhibition of the World's Industry in 1851*, Cambridge University Press, 2011.

15장 아일랜드인의 운명을 바꾼 '악마의 식물'

주커먼, 래리 지음, 박영준 옮김, 『감자 이야기』, 지호, 2000 (원저: Larry Zuckerman, *The Potato: How the Humble Spud Rescued the Western World*, North Point Press, 1999).

Donnelly, James S., *The Great Irish Potato Famine*, Sutton Publishing, 2005.

Fitzgerald, Patrick & Brian K. Lambkin, *Migration in Irish history, 1607-2007*, Palgrave Macmillan, 2008.

Gray, Peter & Donald MacRaild, *Famine, Land and Politics: British Government and Irish Society*, Irish Academic Press, 1995.

Guinnane, Timothy, *The Vanishing Irish: Households, Migration, and the Rural Economy in Ireland, 1850-1914*, Princeton University Press, 1997.

Hatton, T.J. and J.G. Williamson, *The Age of Mass Migration: Causes and Economic Impact*, Oxford University Press, 1998.

Kinealy, Christine, *The Great Irish Famine: Impact, Ideology and Rebellion*, Palgrave Macmillan, 2001.

Laxton, Edward, *The Famine Ships: The Irish Exodus to America*, Bloomsbury, 1997.

ÓGráda, Cormac, *Black'47 and Beyond: The Great Irish Famine in History, Economy, and Memory*, Princeton University Press, 2000.

_____, *Ireland's Great Famine: Interdisciplinary Perspectives*, Dublin Press, 2006.

Woodham-Smith, Cecil, *The Great Hunger: Ireland 1845-1849*, Penguin Books, 1991.

16장 일본 탈아시아 정책의 서막

일본사학회, 『아틀라스일본사』, 사계절, 2011.

Allen, George Cyril, *Short Economic History of Modern Japan*, Routledge, 2013.

Beasley, William G., *The Rise of Modern Japan: Political, Economic, and Social Change since 1850*, Macmillan, 2000.

Blumberg, Rhoda, *Commodore Perry in the Land of the Shogun*, Harper Collins, 1985.

Feifer, George, *Breaking Open Japan: Commodore Perry, Lord Abe, and American Imperialism in 1853*, Harper Collins, 2006.

Francks, Penelope, *Japanese Economic Development: Theory and Practice*, Routledge, 2015.

Koyama–Richard, Brigitte, *One Thousand Years of Manga*, Flammarion, 2007.

Macpherson, William J., *The Economic Development of Japan 1868-1941*, Cambridge University Press, 1995.

Morishima, Michio, *Why Has Japan Succeeded?: Western Technology and the Japanese Ethos*, Cambridge University Press, 1982.

Smith, Thomas Carlyle, *Political Change and Industrial Development in Japan: Government Enterprise, 1868-1880*, Stanford university press, 1955.

Statler, Oliver & Richard Lane, *The Black Ship Scroll*, Tuttle, 1964.

Sugihara, Shirō& Toshihiro Tanaka, eds. *Economic Thought and Modernization in Japan*, Edward Elgar Publishing, 1998.

17장 여행은 어떻게 중산층의 취미가 되었나?

뢰쉬부르크, 빈프리트 지음, 이민수 옮김, 『여행의 역사: 오디세우스의 방랑에서 우주여행까지』, 효형출판, 2003 (원저: Löschburg, Winfried, *Und Goethe War Nie in Griechenland: kleine Kulturgeschichte des Reisens*, Kiepenheuer, 1997).

설혜심, 『그랜드투어』, 웅진지식하우스, 2013.

쉬벨부시, 볼프강 지음, 박진희 옮김, 『철도여행의 역사』, 궁리, 1999 (원저: Wolfgang
Schivelbusch, *Geschichte der Eisenbahnreise*, Hanser, 1977).

Ateljevic, Jovo & Stephen J. Page, eds., *Tourism and Entrepreneurship*, Rout-
ledge, 2009.

Brendon, Piers, *Thomas Cook: 150 years of Popular Tourism*, Secker (Martin) &
Warburg Ltd., 1991.

Buzard, James, *The Beaten Track: European Tourism, Literature, and the Ways
to Culture, 1800-1918*, Clarendon Press, 1993.

Cormack, Bill, *A History of Holidays, 1812-1990*, Routledge/Thoemmes, 1998.

Feifer, Maxine, *Tourism in History: From Imperial Rome to the Present*, Stein and
Day, 1986.

Hadaway, Nina, *The Golden Age of Air Travel*, Shire, 2013.

Ingle, R., *Thomas Cook of Leicester*, Headstart History, 1991.

Löfgren, Orvar, *On Holiday: A History of Vacationing*, University of California
Press, 1999.

Tower, John, *An Historical Geography of recreation and Tourism in the Western
World, 1540-1940*, Wiley, 1996.

Walton, John K., ed., *Histories of Tourism: Representation, Identity and Conflict*,
Channel View Publications, 2005.

Walvin, James, *Beside the Seaside: A Social History of the Popular Seaside Holi-
day*, Allen, 1978.

18장 아메리카 대평원의 버펄로, 그 비극적 운명

크로스비, 앨프리드 W. 지음, 김기윤 옮김, 『콜럼버스가 바꾼 세계』, 지식의숲, 2006 (원
저: Crosby, Alfred W., *Ecological Imperialism: The Biological Expansion
of Europe, 900-1900*, Cambridge University Press, 1986).

Brown, Dee, *The American West*, Simon & Schuster, 2010.

Flores, Dan, *The Natural West: Environmental History in the Great Plains and
Rocky Mountains*, University of Oklahoma Press, 2003.

Isenberg, Andrew C., *The Destruction of the Bison: An Environmental History, 1750-1920*, Cambridge University Press, 2000.

Kasson, Joy S., *Buffalo Bill's Wild West: Celebrity, Memory, and Popular History*, Macmillan, 2001.

Odum, Howard T., *Environment, Power, and Society*, Wiley-Interscience, 1971.

Sandoz, Mari & Michael Punke, *The Buffalo Hunters: The Story of the Hide Men*, University of Nevada Press, 2008.

Slatta, Richard W., *The Mythical West: An Encyclopedia of Legend, Lore, and Popular Culture*, Abc-clio, 2001.

Steinberg, Ted, *Down to Earth: Nature's Role in American History*, Oxford University Press, 2002.

Warren, Louis, S., ed., *American Environmental History*, Wiley-Blackwell, 2003.

19장 인도의 철도, 그 이익을 가져간 곳은?

우드, 마이클 지음, 김승욱 옮김, 『인도 이야기』, 웅진지식하우스, 2009 (원저: Michael Wood, *The Story of India*, Basic Books, 2007).

퍼거슨, 닐 지음, 김종원 옮김, 『제국』, 민음사, 2006 (원저: Niall Ferguson, *Empire: The Rise and Demise of the British World Order and the Lessons for Global Power*, Basic Books, 2004).

Andrabi, Tahir & Michael Kuehlwein, 'Railways and price convergence in British India,' *Journal of Economic History* 70(2), 2010.

Buxton, Julia, *The Political Economy of Narcotics: Production, Consumption and Global Markets*, Zed Books, 2006.

Cain, Peter & Anthony Hopkins, *British Imperialism, 1688-2000, 2nd edn.*, Longman, 2001.

Charlesworth, Neil & Economic History Society, *British Rule and the Indian Economy, 1800-1914*, Macmillan, 1982.

Lal, Deepak, *The Hindu Equilibrium: India c.1500 BC-2000 AD*, Oxford University Press, 2005.

Lawson, Philip, *The East India Company: A History*, Routledge, 2014.

Ray, Indrajit, *Bengal Industries and the British Industrial Revolution (1757-1857)*, Routledge, 2011.

Riello, Giorgio & Prasannan Parthasarathi, *The Spinning World: A Global History of Cotton Textiles, 1200-1850*, Oxford University Press, 2011.

Rothermund, Dietmar, *An Economic History of India*, Routledge, 2002.

Trocki, C. A., *Opium, Empire and the Global Political Economy*, Routledge, 1999.

Wong, J. Y., *Deadly Dreams: Opium and the Arrow War (1856-1860) in China*, Cambridge University Press, 2002.

20장 거대기업 황금시대

미클스웨이크, 존·에이드리언 울드리지 지음, 유경찬 옮김, 『기업의 역사』, 을유문화사, 2004 (원저: J. Michklethwait and A. Wooldridge, *The Company*, Modern Library, 2003).

챈들러, 앨프리드 지음, 김두얼·신해경·임효정 옮김, 『보이는 손 1, 2』, 지식을만드는지식, 2014 (원저: Alfred D. Chandler, *The Visible Hand: The Managerial Revolution in American Business*, Harvard University Press, 1993).

Chandler, Alfred Dupont, Takashi Hikino & Alfred D. Chandler, *Scale and Scope: The Dynamics of Industrial Capitalism*, Harvard University Press, 2009.

Hannah, Leslie, *The Rise of the Corporate Economy*, Routledge, 2013.

Harr, John Ensor & Peter J. Johnson, *The Rockefeller Century*, Scribner, 1988.

Juhasz, Antonia, *The Tyranny of Oil*, Harper Collins, 2009.

Livesay, Harold C., *Andrew Carnegie and the Rise of Big Business*, Longman, 2007.

Mowery, David C. & Nathan Rosenberg, *Paths of Innovation: Technological Change in 20th-century America*, Cambridge University Press, 1999.

Peritz, Rudolph Jr., *Competition Policy in America, 1888-1992: History, Rhetoric, Law*, Oxford University Press, 1996, 2000.

Perrow, Charles, *Organizing America: Wealth, Power, and the Origins of Corporate Capitalism*, Princeton University Press, 2009.

Porter, Glenn, *The Rise of Big Business, 1860-1920*, H. Davidson, 1992.

Schmitz, Christopher J., *The Growth of Big Business in the United States and Western Europe, 1850-1939*, Cambridge University Press, 1995.

Sullivan, E. Thomas, ed., *The Political Economy of the Sherman Act: The First One Hundred Years*, Oxford University Press, 1991.

21장 프랑스 흡혈귀는 독일 여인의 피를 빨고 산다?

버랜드, 이반 지음, 이헌대·김홍종 옮김, 『20세기 유럽경제사』, 대외경제정책연구원, 2008 (원저: Ivan T. Berend, *An Economic History of Twentieth-Century Europe: Economic Regimes from Laissez-Faire to Globalization*, Cambridge University Press, 2006).

키친, 마틴 지음, 유정희 옮김, 『케임브리지 독일사』, 시공사, 2001 (원저: M. Kitchen, *Cambridge Illustrated History of Germany*, Cambridge, 2000).

페인스틴, 찰스·피터 테민·지아니 토니올로 지음, 양동휴·박복영·김영완 옮김, 『대공황 전후 세계경제』, 동서문화사, 2008 (원저: Charles Feinstein, Peter Temin & Gianni Toniolo, *The World Economy between the World Wars*, Oxford University Press, 2008).

Aldcroft, Derek Howard & Steven Morewood, *The European Economy since 1914*, Routledge, 2013.

Allen, Larry, *Global Financial System 1750-2000*, Reaktion Books, 2004.

Bessel, Richard, *Germany after the First World War*, Oxford University Press, 1993.

Cohrs, Patrick O., *The Unfinished Peace after World War I: America, Britain and the Stabilisation of Europe, 1919–1932*, Cambridge University Press, 2006.

Graebner, Norman A. & Edward M. Bennett, *The Versailles Treaty and its Legacy: The Failure of the Wilsonian Vision*, Cambridge University Press,

2011.

Keynes, John Maynard, *The Economic Consequences of the Peace*, Brace and Howe, 1920.

Legro, Jeffrey, *Rethinking the World: Great Power Strategies and International Order*, Cornell University Press, 2005.

Marks, Sally, *The Illusion of Peace: International Relations in Europe 1918-1933*, Palgrave Macmillan, 2003.

Roselli, Alessandro, *Money and Trade Wars in Interwar Europe*, Palgrave Macmillan, 2014.

Webb, Steven Benjamin, *Hyperinflation and Stabilization in Weimar Germany*, Oxford University Press, 1989.

22장 산타클로스, 그 이미지의 진화

Armstrong, Neil, 'Christmas in nineteenth-century Britain and America: a Historiographical Overview,' *Cultural and Social History* 1(1), 2004.

Bowler, Gerry, *Santa Claus: A Biography*, McClelland & Stewart, 2011.

Charles, Barbara Fahs, Haddon Sundblom & J.R. Taylor, *Dream of Santa: Haddon Sundblom's Advertising Paintings for Christmas, 1931-1964*, Gramercy Books, 1992.

Connelly, Mark, *Christmas: A Social History*, IB Tauris, 1999.

Forbes, Bruce David, *Christmas: A Candid History*, University of California Press, 2008.

Hays, Constance, *Pop: Truth and Power at the Coca-Cola Company*, Random House, 2010.

Horsley, Richard A. & James Tracy, eds., *Christmas Unwrapped: Consumerism, Christ, and Culture*, Bloomsbury T&T Clark, 2001.

Jenkins, Henry, *Convergence Culture: Where Old and New Media Collide*, NYU press, 2006.

Miller, Daniel, *Unwrapping Christmas*, Oxford University Press, 1995.

Nissenbaum, Stephen, *The Battle for Christmas*, Vintage, 2010.

Siefker, Phyllis, *Santa Claus, Last of the Wild Men: The Origins and Evolution of Saint Nicholas, Spanning 50,000 Years*, McFarland, 1996.

Stearns, Peter N., *Consumerism in World History: The Global Transformation of Desire*, Routledge, 2006.

비주얼 경제사

세계화는 어떻게 진화했나?

© 송병건 2015

초판 인쇄	2015년 10월 20일
초판 발행	2015년 10월 28일

지은이	송병건
펴낸이	정민영
책임편집	권한라 · 임윤정
디자인	최윤미
마케팅	이숙재
제작처	한영문화사

펴낸곳	(주)아트북스
출판등록	2001년 5월 18일 제406-2003-057호
주소	10881 경기도 파주시 회동길 216 2층
대표전화	031-955-8888
문의전화	031-955-7977(편집부) 031-955-3578(마케팅)
팩스	031-955-8855
전자우편	artbooks21@naver.com
트위터	@artbooks21
페이스북	www.facebook.com/artbooks.pub

ISBN 978-89-6196-251-3 03900

• 이 도서의 국립중앙도서관 출판예정도서목록(CIP)은 서지정보유통지원시스템 홈페이지(http://seoji.nl.go.kr)와
  국가자료공동목록시스템(http://www.nl.go.kr/kolisnet)에서 이용하실 수 있습니다.(CIP제어번호: CIP2015027749)